普通高等教育新形态教材

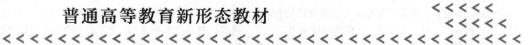

ZHINENG CAIWU YINGYONG ◄
——JIYU JINDIE EAS GUANLI PINGTAI

# 智能财务应用
## ——基于金蝶EAS管理平台

林晓红　苏　聘◎主　编

鲁　娜　彭娉婷　牛　帅
　　　　　　　　　　　　◎副主编
濮兆平　张锦涛

U0360839

清华大学出版社

北　京

# 内 容 简 介

本书是将智能财务理论与实践有机结合，以金蝶 EAS 管理软件平台为蓝本设计的理论实践一体化教材。全书共分 6 章，在理论讲解的基础之上，提取了典型的企业真实业务场景，包括智能财务概述、信息系统搭建、往来业务智能处理、费用报销智能处理、出纳管理智能处理、期末业务智能处理等章节，涵盖智能记账业务规划设置、智能对账业务规划设置、智能报表规划设置、智能收付款业务规划设置、智能应收应付业务规划设置、智能费用报销规划设置等相关内容。书中各章节均配有相关课件资源和教学演示视频，方便读者学习。

本书可用作高等院校会计、财务管理、工商管理等经济管理类相关专业的教学用书，也可为企业财务、信息管理等领域工作人员提供参考借鉴。

图书在版编目（CIP）数据

智能财务应用：基于金蝶 EAS 管理平台/林晓红，苏聘主编. —北京：清华大学出版社，2024.4
普通高等教育新形态教材
ISBN 978-7-302-66026-2

Ⅰ.①智… Ⅱ.①林… ②苏… Ⅲ.①财务软件–高等学校–教材 Ⅳ.①F232

中国国家版本馆 CIP 数据核字(2024)第 069832 号

责任编辑：付潭娇　刘志彬
封面设计：汉风唐韵
责任校对：宋玉莲
责任印制：宋　林
出版发行：清华大学出版社
　　　　网　　　址：https://www.tup.com.cn，https://www.wqxuetang.com
　　　　地　　　址：北京清华大学学研大厦 A 座　　　　邮　　编：100084
　　　　社 总 机：010-83470000　　　　　　　　　　邮　　购：010-62786544
　　　　投稿与读者服务：010-62776969，c-service@tup.tsinghua.edu.cn
　　　　质 量 反 馈：010-62772015，zhiliang@tup.tsinghua.edu.cn
　　　　课 件 下 载：https://www.tup.com.cn，010-83470332
印 装 者：北京联兴盛业印刷股份有限公司
经　　销：全国新华书店
开　　本：185mm×260mm　　　印　张：15.25　　　字　数：349 千字
版　　次：2024 年 4 月第 1 版　　　　　　　印　次：2024 年 4 月第 1 次印刷
定　　价：49.00 元

产品编号：104283-01

# 前　言

进入 21 世纪以来，光学字符识别、移动通信技术、云计算技术、大数据技术、物联网技术、区块链技术等领域如雨后春笋般兴起，不断给人们创造新的价值和无限可能。尤其让人惊叹的人工智能技术（AI）的不断突破成为财务智能化时代来临的标志。智能财务越来越多被提及，越来越多的企业在应用中获得企业运营、管理流程的优化，从而大幅降低企业成本，获得更多的效益增长点。这些企业中，集团企业更是受益匪浅，愿意参与智能财务模式的研究和开发，同时对于这一领域的规划、营运、维护、实施等方面的人才产生了更多的需求，对于相关人才的能力要求也在不断提高。

本书作为一本智能财务领域的实训教材，旨在以仿真模拟业务场景为依托，以金蝶 EAS 智能财务软件为平台，遵循最大限度还原企业真实业务场景和循序渐进的原则，力求通俗易懂，引领读者进入一个个精心设计的实训场景，通过亲自实操体验智能财务管理软件的功能，掌握智能财务业务规划原理与方法，提升智能财务环境下的业务处理能力。金蝶作为国内知名的管理软件厂商，始终致力于帮助中国企业借助信息化提升管理水平和竞争力，并在技术创新和管理模式的融合领域不断突破，目前在智能财务领域已处于国内领先地位，故编写组选取金蝶 EAS 智能财务软件为实训平台，以满足智能财务业务人才培养需求。本书共 6 章，其中第 1 章智能财务概述，从理论梳理的角度，对智能财务内涵、智能财务发展、智能财务建设原则、智能财务实施相关内容进行了阐述；后续章节均结合仿真实训案例进行实务操作的独立拓展训练。为了方便学习，本书提供了配套教学课件和演示操作教学视频，读者可以扫描对应的二维码获取。

本书是海南省会计学一流本科专业建设的阶段性成果，教材编写团队成员均具有多年实务教学经验，长期致力于会计信息化与智能化领域的研究和教学，编写团队从企业人才技能需求出发，理论与实践相结合，对于读者了解智能财务及实际业务、提升智能财务业务规划和运维能力有很大帮助，可作为高等院校会计学、财务管理、工商管理等经济管理类相关专业教学用书，同样也是企业财务、信息管理等领域工作人员一本不错的参考书。书中所列举案例企业均为模拟企业名称及相关业务资料，不涉及真实企业及其业务展现，如有雷同，纯属偶然。

本书编写过程中得到了德行智华教育科技（海南）有限公司、金蝶精一信息科技服务有限公司的大力支持和帮助，海口经济学院韩笑老师、杨浩老师、郎园园老师在资料收集整理、校对等工作中不辞辛苦，编写组每一位成员都尽心尽责，数易其稿，不断完善书中的每一个细节，在此一并表示衷心感谢！同时，在本书编写过程中查阅了大量的书籍、文献，引用了一些已有成果、资料，在此向相关作者表示诚挚的感谢。

最后，由于时间和编写水平所限，书中难免存在疏漏和不当之处，在此，希望读者能够予以谅解和指正，以帮助我们进一步完善提高。

编　者

2023 年 12 月

# 目 录

# 第 1 章

# 智能财务概述

【学习目的与要求】

通过本章学习，要求学生了解智能时代对财务领域的影响及未来发展趋势，理解智能财务发展历程，掌握智能财务的含义、特征，提升对于智能财务领域的认知。

## 1.1 智能财务内涵

### 1.1.1 智能财务含义

"智能财务"一词是近年来伴随着"大智移云物区"技术的飞速发展和广泛运用而兴起的，一时间"智慧财务""智能+会计""大数据会计""数智财务"等众多新名词不断涌现，很难追溯智能财务的真正起源，时至今日，学术界也未能确定其普遍认可的权威定义。面向未来，智能财务应是一种以"业财融合"为基础，以"财务共享"为核心，以"算法引擎"为支撑所构建的人机共生、协同进化、管理赋能、满足经济与管理数据分析和辅助决策需要的会计管理系统。在智能商业时代，智能财务能够更好地服务于社会经济发展，满足企业新型管理机制下的诉求。其价值主要体现在以下几方面。

#### 1. 大幅降低企业运营成本

借助"大智移云物区"等技术，企业运营中每一笔交易都将被实时记录、核实、监督。自动数据的收集相比从前的人工手动数据输入更为准确，从源头上避免了主观判断和人为错误的可能。以较为复杂的制造业为例，物联网可以进行预防性设备维护，从而降低企业的意外成本，设备的物理信息都可以做到及时更新，并通过构建模型预测发生故障的可能性，从而避免不必要的支出。企业可以更有效地使用作业成本法，为企业节约运营成本。

#### 2. 为企业提供更加精准的决策支持

智能财务可以实现数据实时更新、数据可视化等功能，通过这些数据的支持，财务决策的依据将更加丰富、过程更加智能、结果更加准确。首先，企业的内外部数据都可以通过网络及时更新到数据库中，智能财务改变了录入财务系统的数据来源，这些充足的数据信息可以为企业作出更加精准的财务决策提供支撑。企业在做决策的时候，除了数据信息，往往还需要参考非数据信息，智能财务可以做到让数据信息与非数据信息有效融合，有助于使用者更好地了解企业，从而制定出最佳决策。其次，物联网设备可以将实时收集到的各项财务数据上传至云端，进而在人工智能的辅助下进行数据分析和预测，这些庞大的数据以及人工智能的辅助，会有利于决策者作出更加正确的判断。最后，数据将被及时提供并整合到智能仪表盘，决策者就可以实现多方面、多维度的参考。企业数据的自动收集、自动分析可以大大减少人为因素的干扰，可视化的网络数据使企业的财务管理更加细节化，由此对企业作出精准的财务决策提供重要依据。

### 3. 高效强化企业监管

财务稽核工作是企业经营过程中对自己工作的诊断和审视，这种监督是企业的自我规范措施，因此，做好稽核工作就是建立起维护良好财务管理秩序的一道防线。现今，智能财务可以做到业务自动稽核、单据自动稽核、凭证自动稽核，构建出"人机协作"的智能稽核模式，并力争从稽核标准设定、定制化开发等方面创新与完善稽核手段，充分发挥财务稽核在企业财务管理中的有效作用。

### 4. 赋能企业税务管理

企业财务工作中重要的一环便是税务管理，新政策的不断出台对企业的税务管理提出了越来越严苛的要求，绝大多数企业对税务的管理还是以人工核算为主，人工核算难免会出现纰漏，且核算效率不高，对于不断发布的新政策来说，效率是远远不够的。而智能财务则比传统的税务管理方式具有高效率、高准确性的特点，从而使企业的税务管理更加合理，降低了申报中出现纰漏的可能性，并且，智能财务与会计人员的结合使税务处理流程更加规范，无论是开具发票还是税务申报等工作都将实现自动化操作，这也在一定程度上减少了人工成本。智能财务在税务管理中还可以将历年人工申报的数据录入系统，以便会计人员对税务数据进行分析，有利于更好地进行税务申报和合理避税工作，从而提高税务管理工作的价值，帮助企业更好地进行税务筹划，从而提升企业价值。

总之，越来越多的企业建立起智能财务共享中心，通过智能财务找寻新的价值增值点，更好地把握前进方向。本书所介绍的金蝶 EAS 管理软件经历了 1.0 版本会计核算中心、2.0 版本流程管控中心、3.0 版本数据服务中心和 4.0 版本智能财务共享中心 4个阶段的升级（图 1-1），不断结合各种新技术，建立高效且智能的服务决策层，为企业提供较完善的智能财务解决方案，推动企业数字化转型，是目前业界较为领先的领导品牌。

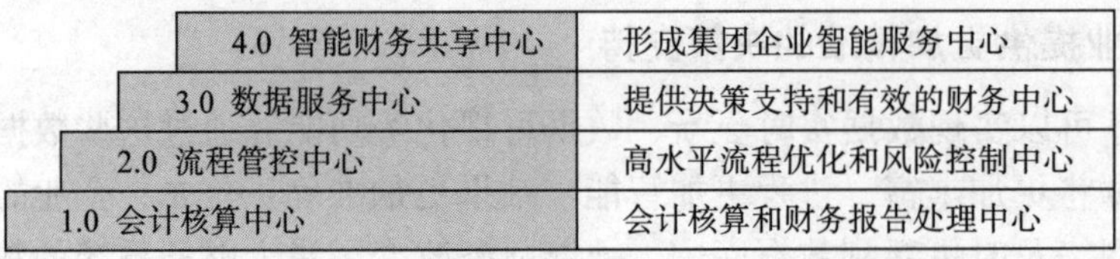

| 4.0 智能财务共享中心 | 形成集团企业智能服务中心 |
| 3.0 数据服务中心 | 提供决策支持和有效的财务中心 |
| 2.0 流程管控中心 | 高水平流程优化和风险控制中心 |
| 1.0 会计核算中心 | 会计核算和财务报告处理中心 |

图 1-1　金蝶 EAS 管理软件发展示意图

## 1.1.2　智能财务特征

### 1. 共享平台化

一般的财务共享服务中心侧重于核算,而智能财务的共享平台化则是在其基础上进一步拓展共享的范围,从财务会计扩大到业务和管理会计。共享平台化有两层含义:一方面是业财管的公共平台。以客户需求为导向,将企业业务、财务和管理的交集部分剥离出来。以数据为抓手,将这些交集部分的组织、流程和人员等要素进行重新组合,成为业财管的公共平台,并为各职能部门提供数据等各类服务。在我国部分企业已经尝试的"数据中台 + 业务中台"模式中,这个业财管的公共平台已成为中台的核心组件。另一方面是更广泛的大共享。在财务智能定位方面,财务融入了以客户为导向的管理活动,成为连接业务和管理的纽带。在数据来源方面,运用大数据、物联网等技术将企业外部的经济社会、营商环境、政策法规、行业动态等数据都纳入共享平台。在数据存储和运算方面,运用云计算将外部存储空间和算力纳入共享平台。在数据安全方面,可以与政府、外部组织或机构合作引入区块链技术,降低平台引入外部数据的风险。

### 2. 业财管协同化

平台共享化已经将业财管的公共部分抽取出来。业财管剩下的个性化职能则需要基于这个共享平台进行深度协同。业财管协同化是指业务、财务和管理的个性化智能都遵循客户驱动的原则,在数据、制度、流程、系统、人力等方面协调一致、会同配合,实现企业价值。业财管协同化是由客户驱动的,是随客户需求柔性迭代的。企业的战略管理、预算管理、成本管理、绩效管理、投融资管理、运营管理、风险管理、内外部报告等都是围绕客户展开的。具体而言:一是实现业财管的数据对接,包括各子系统的数据之间,数据实体的内涵和外延保持一致,实体之间的关系清晰描述和界定,确保财务数据"无缝"下钻到业务数据;二是实现业财管各项制度之间的契合,消除各种制度壁垒和潜在组织冲突;三是实现业财管各流程的衔接。以提高效率和强化内部控制为目标,将事项层面的财务流程嵌入业务流程,使得业务人员在"无感"的环境下完成凭证、账簿等层面的财务流程;四是实现业财管个性化系统的融合。不再以职责划分部门,而是以资源和功能进行整合;五是在实现上述协同的基础上,还需要配以业财管不同岗位人员在知识、心理和文化认同层面的和谐发展。

### 3. 人机一体化

智能财务中的人机一体化需要人和智能机器实现协调与配合,形成人机一体化混合智能系统,从公司的综合视角完成综合性的业财管工作。人机一体化混合智能系统的发展会给业财管带来 3 个有益的影响:一是业财管工作的自动化不断提升。从最初的电算化核算软件到使用机器人流程自动化完成大量重复简单的数据采集和基本处理,"机器"处理数据的范围不断扩大和延伸。随着深度学习、知识自动构建与推理、人机交互等认知智能技术的不断发展,人机一体化混合智能系统在业财管工作中的活动占比会增加,人类专家的占比可能逐步减小;二是为个性化决策提供技术和管理上的支持。财务报告从固定的、综合性的报告向个性化转化。企业信息的外部和内部系统使用者可以根据自己的需要定制信息，格式化的报告逐渐转化为频道化的查询视图；三是提高管理决策的及时性。人机一体化混合智能系统的存储能力和运算能力高于人类，在其处理范围内，可以大幅提高信息的处理效率。不管是系统直接决策还是辅助人类专家决策，都有助于提高管理决策的及时性。

# 1.2    智能财务发展

信息技术随着时代的变迁而飞速发展，新的技术、新的观念、新的思想层出不穷。只要以计算机为代表的信息技术有了新的发展，这种新技术马上就会被应用于会计信息系统，同时促进会计信息系统的发展，从而进一步推动会计人员观念的更新。因此，人们把计算机会计信息系统的产生认为是继原始社会的结绳记事、封建社会早期的簿记，以及欧洲意大利文艺复兴时期的复式记账法之后的会计史上的"第四次革命"。会计电算化是指电子计算机在以会计电算化为核心的管理信息系统中的全面应用，这是一项社会系统工程，是计算机硬件技术、软件技术和会计人员的有机结合。会计信息化是指企业利用计算机、网络通信等现代信息技术手段开展会计核算，以及利用上述技术手段将会计核算与其他经营管理活动有机结合的过程。今天的智能财务就是从会计电算化阶段、会计信息化阶段发展而来的。

## 1.2.1    会计电算化阶段

我国"会计电算化"研究工作始于 1979 年，而"会计电算化"一词则是 1981 年 8 月在财政部和中国会计协会的支持下于长春召开的"财务、会计、成本应用电子计算机专题讨论会"上被提出，是"电子计算机信息技术在会计中的应用"的简称，这次会议也成为我国会计电算化理论研究的重要里程碑。1983 年之前，我国由于会计电算化人员缺乏，计算机硬件比较昂贵，软件汉化不理想，会计电算化没有得到高度重视，发展比较缓慢。从 1983 年下半年起，全国掀起了一个应用计算机的热潮，微型计算机乘着改革的春风在国民经济各个领域得到了广泛应用。然而，由于应用电子计算机的经验不足、理论准备与人才培训不够、管理水平跟不上，造成在会计电算化过程中出现许多盲目的低水平重复开发的现象，浪费了许多人力、物力和财力。

1987 年开始，伴随我国市场经济体制下企业财务管理机制的不断转变，加之计算机技术的不断发展，我国会计电算化得到了稳步普及和提升。各大、中专院校，研究院所纷纷开始培养会计电算化的专门人才。1987 年 11 月，中国会计学会成立了会计电算化研究组，为有组织地开展理论研究做好了准备。这一阶段是我国会计电算化从单项数据处理发展到全面应用计算机、建立会计电算化信息系统的过程；从计算机处理和手工操作并行发展到甩掉手工账本，靠计算机独立运行完成记账、算账及报账等任务的过程；从计算机应用于企业内部会计信息处理发展到用计算机汇总并报送会计报表，为国家宏观经济提供可靠的会计信息的过程；从最初采用原始的软件开发方法发展到运用现代软件工程学方法开发会计软件的过程；从单门独户开发会计软件发展到设置专门机构、集中专门人才、开发通用化、商品化的会计软件的过程。

## 1.2.2　会计信息化阶段

伴随着计算机网络技术的飞速发展，会计电算化财务软件得到了更大程度的提升，企业资源计划（enterprise resource planning，ERP）软件的诞生标志着会计信息化时代的到来。ERP 系统通过利用计算机和网络等现代化技术，实现了企业内部甚至企业间的业务集成，在实现高效、实时地共享企业实务处理系统间数据和资源的同时，还实现应用间的协同工作，并将一个个孤立的应用集成起来，形成一个协调的企业信息和管理系统。在功能层次上，ERP 系统除了最核心的财务、分销和生产管理等管理功能以外，还集成了人力资源、质量管理、决策支持等企业其他管理功能。会计信息系统已经成为 ERP 系统的一个子系统。

这一阶段，会计信息化的价值得到更好的发挥。第一，数据处理更加快速、及时、准确。利用计算机作为数据加工处理工具，数据处理速度快，准确度高。计算机处理数据采用代码的方式，对于数据处理（如数据的分类、汇总、计算、传递、报告等）几乎可以瞬时完成。同时计算机还可以快速地完成手工条件下不易采用的复杂、精确的计算方法，如原材料管理时使用的移动加权平均法等，从而使会计核算工作更加快速精确，减少人工操作，提高业务数据与会计数据的一致性，实现企业内部信息资源共享。第二，数据处理更加集中化、自动化。各种核算工作都由计算机集中处理，网络环境中信息可以被不同的用户分享，数据处理凸显了集中化的特点。现在的大型企业，都会由自己的中央处理器集中处理数据，同时由于网络中的每台计算机只能作为一个用户来完成特定的任务，这使数据处理又具有相对分散的特点。而会计信息处理过程中人员干预少，由计算机按照程序处理，具有自动化特点。在数据集中与自动化的共同作用下，企业的会计数据可以快速准确地进行处理。同时还可以开展本企业信息系统与银行、供应商、客户等外部单位信息系统的互联，实现外部交易信息的集中自动处理，并且分公司、子公司数量多、分布广的大型企业、企业集团可以探索利用信息技术促进会计工作的集中化，逐步建立财务共享服务中心。第三，企业流程更加清晰，内部控制更加严格。新的内部控制制度与计算机管理特点相结合，内控范围变得更为广泛。

## 1.2.3　会计智能化阶段

近十年来，我国新技术不断与会计信息化融合发展，业财融合之势已是势不可当，财务共享被越来越多的企业和管理者认可，逐步成为财务管理领域的新模式。

今天的智能化管理软件相较于信息化阶段的管理软件在信息处理效率、效益及智能化、便捷化等方面都实现了新的突破，企业管理的很多方面也有了全新的甚至是颠覆性的改造解决方案。当前的会计信息系统的设计都建立在事件驱动型的基础之上。所谓事件驱动，是指会计数据的采集、存储、处理、传输嵌入在业务处理系统中，在业务发生时能够实时采集详细的业务、财务信息，执行处理和控制的规则。具体来说，企业传统的管理模式是经典的金字塔模式，可以通过智能财务共享解决方案转变为前中后台扁平化管理模式。前台是赋能服务网络，中台是共享营运中心，后台是决策创新中心，前中后台同时分布在业务、财务及其他职能部门，3 个平台实时交互、协同联动实现更高效的企业管理。

# 1.3  智能财务建设原则

智能财务建设原则是智能财务建设过程中依据的准则。建设原则确立不精准，可能导致智能财务建设偏离初始设定的目标和方向，企业智能财务建设中战略财务居于财务治理的主导地位，业务财务是实现智能财务的核心途径，共享财务是实现战略目标的重要保障。

## 1. 系统性原则

智能财务建设过程中，综合性的信息化平台是企业全面实现智能管理和企业发展目标的关键。企业的集团总部定位于智能财务管控的中心，目标是要总体规划、统筹协调，重塑财务管理工作流程，重组企业经济工作模式，高效资源配置，建设智能财务共享平台和智能数据分析应用平台。建立智能财务信息化的远景目标，就要高效搭建信息网络交融平台，进行系统化规划设计，加大资源整合能力和规模化能力。

## 2. 全局性原则

战略目标在财务转型中起主导性作用，经营财务和共享财务是智能财务目标实现的两翼。要从全局出发，探讨智能信息化建设的发展趋势，深度整合业务处理系统、财务核心系统、经营管理系统。建立全面思维意识，整体全面反映智能财务综合特征，以数据信息共享需求为契机，扩张智能财务建设的空间功能，实现财务管理精细化、财务流程自动化、财务共享服务个性化、业财一体智能化。

## 3. 可行性原则

智能财务建设的整体规划设计应基于企业财务管理现状，具体方案设计应基于实际工作需要进行，适用国家财经法规政策，适应企业管理章程，满足企业和地方经济业务的特点和需求，保障财务智能信息化平台的安全可靠。根据自身实际，恰当选择满足企业发展模式、企业发展阶段的智能财务管理模式，为财务工作的有效性提供有力保证。

## 4. 动态性原则

数据管理是财务数字化转型的起点。智能财务建设需要动态和虚拟的管理场景，搭建云端平台财务管理模式，形成财务管理和运营管理的动态性。改变传统财务管理行为意识，必须坚持动态管理原则，及时调整战略职能和流程设计，深入挖掘投入和产出的均衡关系，动态完善财务管理体系和指标评价体系。建立动态长效机制，推动全要素、全价值链的运营管理，实现全生命周期的有效连接，构建围绕财务职能转型的智能体系，提升信息时代动态生存和发展能力。

### 5. 先进性原则

在智能财务建设过程中，应始终抓住智能财务的本质，坚持数据共享的效率和数据共享的持续性，以财务流程再造为基础，以信息平台搭建为载体，以财务信息受益者的信息需求为驱动力，体现智能财务建设的先进性。把信息化平台和管理软件的所有模块系统性整合，探索不同智能化应用场景的集约化程度，保证信息技术运用的先进性，推动财务管理转型升级。

### 6. 导向性原则

新技术运用是财务数字化转型的助推器。智能财务建设的整体规划设计，应适应财务信息化发展趋势，面向企业高质量发展管理需要，紧密围绕企业发展目标，创新发展智能财务的价值，保证智能财务的可操作性，真正发挥智能财务引领财务转型的效应。

### 7. 可视化原则

信息技术的创新、人工智能的迭代，驱动业务场景与财务场景的技术投入，模拟财务共享服务所有环节，延伸业务需求范围，整合数据资源优势，拓展财务工作内容，深入打造业财融合新模式。搭建智能可视化平台和大数据平台，形成会计数字化转型与职责共享网络云端相结合的模式，推动企业智能化建设与可视化运营，并实时通过智能财务可视平台，反映会计数字化信息和运营信息，通过财务数据自动的动态汇聚，提升工作自动化程度和财务智能化程度，实现财务价值创造的最大化。

## 1.4　智能财务实施

财务的数字化转型是企业数字化转型的起点，也是最关键的环节。财务管理是企业管理的"生命线"，财务部门作为企业核心职能部门，记录着企业所有的交易行为和信息往来，是企业天然的数据中心。财务的数字化转型就是要从"最小数据集"向"大数据"转变，成为企业的"数字神经网络"，为企业的利益相关者提供有价值的信息。传统的财务采用分散式的、封闭的手工作坊的操作模式，缺乏采集和处理的工具，复杂的交易行为不断被压缩进有限的会计科目里，并通过多次平衡的复式记账法记录下来，经过从交易到原始凭证、从原始凭证到记账凭证、从记账凭证到明细账、从明细账到总账、从总账到会计报表的数据压缩过程，每一次压缩，都是信息价值的损失，直到压缩成最小数据集。财务部门丢弃了最能真实反映企业业务经营状况的过程数据，仅仅记录了经营的结果，因而无法提供可靠的经营决策支撑。在"大智移云物"的技术影响下，企业的数据将越来越多、越来越丰富，传统的财务低效滞后，财务工业化革命应运而生。财务的工业化革命即是要将分散、封闭、手工的作坊变成"财务工厂"，把"财务工厂"转换成企业级"大数据中心"，通过与利益相关者的在线互联，高效地采集加工、报告数据，建立企业的数字神经网络，帮助企业用数据来管理、用数据来决策、用数据来创新，从而帮助企业在多变的商业环境中保存竞争优势。

"财务机器人"最近几年被广泛提及，"财务机器人"是 RPA 技术在财务中的应用。财务流程中应用了 RPA 技术来实现异构系统间的数据传递，可用软件机器人替代过去需要人工操作的活动。RPA 技术为业务流程自动化提供了新技术路径，也显著提高了工作的精确度和事务处理效率，适用于具有清晰规则的重复性流程，而企业的财务共享服务中心存在大量这样的业务流程。

未来，智能技术将以最佳方式将人与机器的能力结合在一起，将资源重新部署到价值更高的工作中去。企业应用财务机器人，最终的目标也不应该仅仅着眼于代替部分重复的手工操作，而是在提升业务效率、实现流程自动化的基础上，帮助财务人员去从事更有价值的活动，更快地完成交易处理，更好地利用财务数据，广泛、深入地参与到企业的经营与管理中。财务机器人给会计行业带来的变革，不是让会计人员简单地被动淘汰，而是促使他们及时主动转型。

以金蝶财务机器人发展为例，金蝶于 2017 年发布基于云端的财务机器人，应用云计算、大数据、图像语音识别等 AI 技术，为企业提供多场景全方位的智能财务服务。金蝶财务机器人帮助财务和会计人员更加聚焦于公司的战略财务和业务财务决策，如何把数据处理和分析报表交给智能财务机器人，这是技术开发的难度所在，也会是未来财务优化的主要方向。依托于金蝶云——中国软件运营服务（software as a service，SaaS）企业级应用软件市场第一品牌，金蝶云财务机器人将以"大数据＋云端＋人工智能"的SaaS 模式，在智能"黑科技"上继续优化，在财务智能方面拥有更多可能。

金蝶 EAS 智能财务机器人的应用，其核心价值主要体现在以下几方面：第一，通过系统的智能化处理，财务核算的工作效率得到较大提升，同时降低人工成本，释放的劳动力可以转移到高附加值的财务工作上。第二，财务智能化能通过系统收集的数据促进财务流程的优化和核算的标准化，提升财务核算质量。第三，财务智能化核算，财务数据直接来源于业务，促进了业财融合，财务数据更能真实地反映业务，为后续的财务分析提供准确、可靠的数据及依据。第四，财务智能化不需要进行较大的投入，在现有的系统基础上进行低成本的集成和改造即能实现。

（1）请举例说明智能财务在实务中的应用。

（2）谈谈你对于智能财务未来发展的展望。

# 第 2 章

# 信息系统搭建

【学习目的与要求】

通过本章学习，要求学生了解信息系统的基础知识，理解信息系统搭建的架构与数据流程，掌握信息系统搭建的基本操作流程，完成企业信息系统搭建和初始化设置等实训任务，提升对于智能化软件系统架构的认知及系统搭建与设置的操作能力，引导学生领会信息安全战略重要性。

## 2.1　信息系统搭建认知

### 2.1.1　信息系统概述

企业信息系统是实现智能财务的基础，而智能财务是企业信息系统的进一步应用及升华。在智能财务中，信息系统指的是应用计算机和通信技术构建的信息化基础设施，用于实现财务业务的自动化和智能化，包括财务管理信息系统、财务共享服务平台、数据仓库、数据分析工具等多个方面。企业信息系统在智能财务中发挥着重要作用，可以提高财务管理的效率和水平，是实现智能财务的根本基础和重要工具，企业信息系统在智能财务中的应用包括以下几点。

（1）数据采集和整合：企业信息系统可以对企业内部和外部的各种财务数据进行采集和整合，如财务会计数据、成本数据、营销数据等。从而更加准确地把握企业财务状况。

（2）数据分析和决策支持：企业信息系统可以利用人工智能等技术手段对大量的财务数据进行分析和挖掘，为企业提供决策支持。例如，通过数据分析预测财务风险、优化预算安排等。

（3）自动化处理：企业信息系统可以实现财务处理的自动化，如自动进行财务报表的生成、预算的自动调整等。从而大大减少人工处理财务数据的工作量，提高工作效率和准确性。

（4）信息安全保障：企业信息系统可以对财务数据进行保护，防止财务数据泄露或被恶意攻击，确保企业财务信息的安全和保密性。

总之，企业信息系统在智能财务中的应用非常广泛，是实现智能财务的必要条件和根本基础，符合企业架构且设计合理的信息系统可以大大提高企业的财务管理效率和精度，为企业的发展提供有力的支持。

### 2.1.2 系统初始设置介绍

实现智能财务，前提是要拥有符合企业情况的信息系统。那么首先需要对企业的基本组织架构、财务管理流程、企业文化、经营情况、企业规章制度及相关法律法规等基本信息进行深入了解与研究。在充分清楚了解企业的概况后，便可进行企业信息系统搭建。在企业信息系统搭建完毕后，便可以在其基础上实现智能财务。

若想实现信息系统的搭建，就要完成系统初始设置，本节将系统初始设置分为企业建模、期初设置和初始化设置三个方面，如图 2-1 所示。

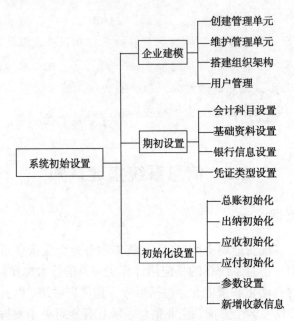

图 2-1　系统初始设置结构图

企业建模是指在系统实施前对企业的组织架构、业务流程、数据结构等方面进行建模，以便系统能够根据实际业务需求来进行定制开发，其内容包括创建管理单元、维护管理单元、搭建组织架构、用户管理。企业建模需要考虑企业的组织架构、业务流程、数据模型等方面的内容，以及对各种权限的设置，确保系统的完整性、正确性和安全性。

期初设置是指在系统投入使用之前对系统进行的各种设置和参数配置，包括会计科目、基础资料、银行信息、凭证类型。期初设置需要认真考虑业务流程、数据的完整性和正确性、系统的安全性等方面的问题，确保系统的正常运行和业务数据的准确性。

初始化设置是指在系统期初设置完成后对系统进行的数据导入、数据转换、数据校验等工作，以确保系统数据的准确性和完整性，其内容包括总账初始化、出纳初始化、应收初始化、应付初始化、参数设置、新增收款信息。初始化设置需要根据实际业务需求进行设置，以确保系统数据的正确性和完整性。

综上所述，企业信息系统中的系统初始设置包括企业建模、期初设置、初始化设置等方面，需要根据企业实际组织架构和业务情况并要求认真考虑各种业务需求和数据安全等方面的问题来进行设置，以确保系统的正常运行和业务数据的准确性。

## 2.2　案 例 概 况

案例企业深圳智航科技公司（简称智航科技）是 2017 年新成立的高新技术企业，注册资本 3800 万元，公司致力于无人机自驾仪的研发并为客户提供全方位的行业解决方案，目前已拥有全自主研发的无人机自动驾驶仪及多款无人机飞行器。智航科技由精通电子产品开发、长期从事无人机设计及具有多年飞行经验的高端人才组建而成，拥有高学历的科研队伍、经验丰富的飞行团队及勇创新高的市场营销团队，公司重视研发和市场开拓。

智航科技以自驾仪技术为基础平台，与国内外高校、科研院所和部队等单位合作开发新产品，业务范围涉及产品研发、技术服务、专业操控手培训等。公司拥有一系列特色产品及高端的技术服务，其中明星产品系列包括航拍无人机、警用无人机、环境监测无人机等；技术服务包括专业航拍航测、应急救援、外场调试、远程协助、故障分析等。公司的主要客户为政府、国企、高校及科员院所，产品与服务得到了业内及社会人士广泛的认可与好评。

智航科技的核心竞争力在于每个项目运作时能最大限度地贴近客户的需求，可以为客户定制产品，提供专业的解决方案。尤其在售前、售后技术支持方面，提倡"换位思考"的理念，在行业内树立了良好口碑。随着公司的发展壮大，需要用到智能 ERP 软件来管理企业，经考察、评估后，企业于 2020 年购买了金蝶 EAS 系统，并准备于 2021 年 1 月正式启用。企业组织架构如图 2-2 所示。

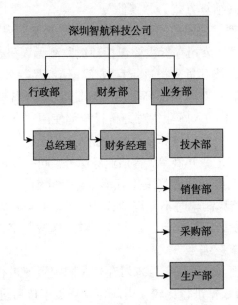

图 2-2　深圳智航科技公司组织架构图

## 2.3　操　作　要　求

（1）管理单元中的组织类型主要包括行政组织、财务组织、采购组织、销售组织、库存组织、成本中心、利润中心。

（2）科目设置及辅助核算要求。日记账：库存现金、银行存款。银行账：银行存款／工行存款（人民币）。客户往来：应收票据／银行承兑汇票、应收票据／商业承兑汇票、应收账款／人民币、预收账款／人民币、预收账款／定金（其中，预收账款／定金设置为不受控于应收系统）。供应商往来：在途物资、应付票据／商业承兑汇票、应付票据／银行承兑汇票、应付账款／一般应付款、应付账款／暂估应付款（其中，一般应付款设置为受控于应付系统，暂估应付款设置为不受控于应付系统）、预付账款／人民币、其他应付款／其他单位往来、受托代销商品款。

（3）会计凭证的基本规定。录入或生成"记账凭证"均由指定的会计人员操作，含有库存现金和银行存款科目的记账凭证均需出纳签字。采用单一格式的复式记账凭证。对已记账的凭证修改，只采用红字冲销法。为保证财务与业务数据的一致性，能在业务系统生成的记账凭证不得在总账系统直接录入。根据原始单据生成记账凭证时，除特殊规定外不采用合并制单。出库单与入库单原始凭证以软件系统生成的为准，除指定业务外，收到发票同时支付款项的业务使用现付功能处理，开出发票同时收到款项的业务使用现结功能处理。

（4）结算方式。公司采用的结算方式包括现金、支票、托收承付、委托收款、银行汇票、商业汇票、电汇等，收、付款业务由财务部门根据有关凭证进行处理，在系统中没有对应结算方式时，其结算方式为"其他"。

（5）外币业务的处理。公司按固定汇率记账，按期末汇率按月计算汇兑损益。

（6）存货业务的处理。公司存货主要包括环境监测无人机、警用无人机、植保无人机、通用型航拍无人机，按存货分类进行存放（代销商品除外）。各类存货按照实际成本核算，采用永续盘存制；对库存商品采用"数量进价金额核算法"，发出存货成本计价采用"先进先出法"，采购入库存货对方科目全部使用"在途物资"科目，委托代销商品成本使用"发出商品"科目核算，受托代销商品使用"受托代销商品"科目核算；存货按业务发生日期逐笔记账并制单，暂估业务除外。同一批出入库业务合并生成一张记账凭证；采购、销售业务必须有订单（订单号与合同编号一致）、出入库业务必须有发货单和到货单。存货核算制单时不允许勾选"已结算采购入库单自动选择全部结算单上单据，包括入库单、发票、付款单，非本月采购入库按蓝字报销单制单"选项。新增客户或供应商编码采用连续编号方式。

（7）财产清查的处理。公司每年年末对存货及固定资产进行清查，根据盘点结果编制"盘点表"，并与账面数据进行比较，由库存管理员审核后进行处理。

（8）损益类账户的结转。每月末将各损益类账户余额转入本年利润账户，结转时按收入和支出分别生成记账凭证。

# 2.4　企　业　建　模

## 2.4.1　创建管理单元

### 应用场景

为了处理深圳智航科技公司的业务，需要在系统完成会计信息化系统搭建，包括组织的搭建及基础资料的新增与分配。

视频 2.1　创建管理单元

### 案例资料

智航科技公司的管理单元信息和系统管理员信息见表 2-1 和表 2-2。

表 2-1　管理单元信息

| 管理单元编码 | 管理单元名称 |
| --- | --- |
| 学号 | 智航科技_姓名 |

表 2-2　系统管理员信息

| 用户账号 | 用户类型 | 用户实名 | 所属管理单元 | 密码 | 维护组织范围 | 缺省组织 |
| --- | --- | --- | --- | --- | --- | --- |
| admin_姓名 | 系统用户 | admin_姓名 | 管理单元 | 学号 | 管理单元、智航科技_姓名、 | 智航科技_姓名 |

### 任务内容

（1）新建管理单元。

（2）维护 administrator 的组织范围。

（3）新建系统管理员。

### 应用指导

**1. 新建管理单元**

双击系统安装后生成的桌面快捷图标"金蝶 EAS 客户端"，打开【金蝶 EAS 系统登录】界面。选择老师提供的数据中心，用户名为 administrator，默认密码为 kdadmin，单击【登录】按钮，进入 EAS 系统，如图 2-3 所示。

图 2-3　系统登录界面

进入 EAS 系统后，依次点击【应用中心】—【企业建模】—【组织架构】—【管理单元】—【管理单元】选项进入管理单元查询界面，如图 2-4 所示。

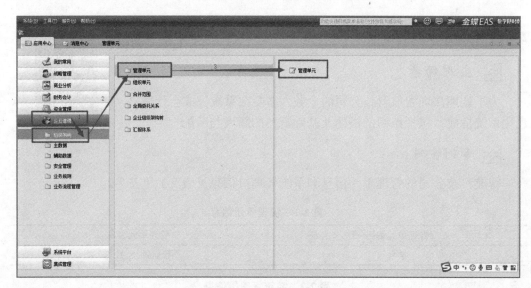

图 2-4　管理单元查询界面

进入【管理单元】选项，单击【新增】按钮，打开管理单元新增界面。按照实验数据新建管理单元，输入编码为学号，名称为智航科技_姓名，单击【保存】按钮。（注意：此处的_必须是英文状态的。）如图 2-5 所示。

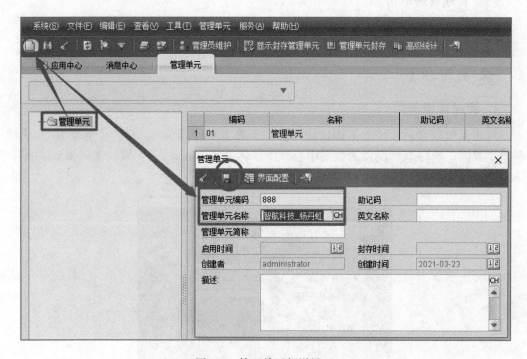

图 2-5　管理单元新增界面

保存后，返回管理单元查询界面，可以看到新增完成的管理单元，如图 2-6 所示。

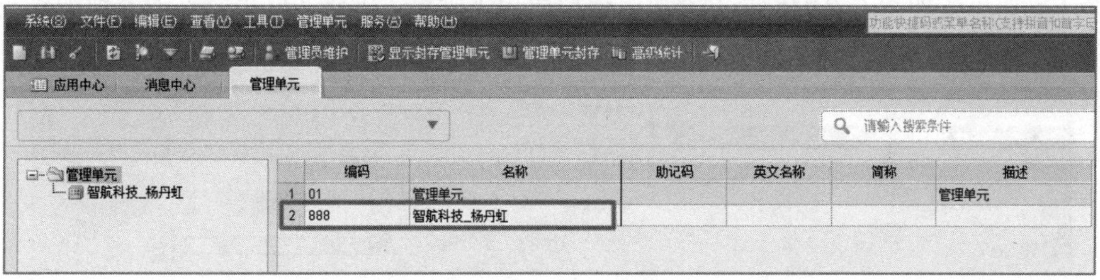

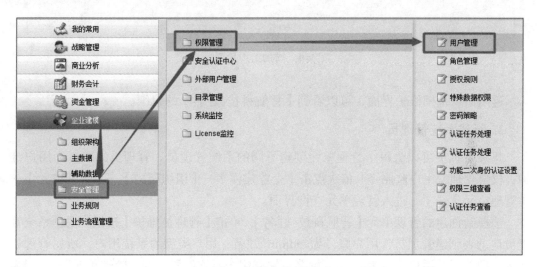

图 2-6  新增完成的管理单元界面

### 2. 维护 administrator 的组织范围

超级管理员 administrator 必须维护新建管理单元的组织范围后，该管理单元的建立才能生效。故依次点击【企业建模】—【安全管理】—【权限管理】—【用户管理】选项，进入用户管理界面，选择用户 administrator，单击【维护组织范围】按钮，进入维护组织范围界面，如图 2-7、图 2-8 所示。

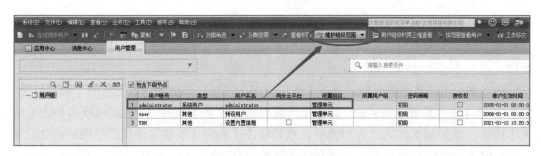

图 2-7  用户管理界面

图 2-8  维护组织范围界面

进入维护组织范围界面后，单击【增加组织】按钮，添加管理单元范围【智航科技_

姓名】。在【管理单元】对话框，选择【智航科技_姓名】选项，双击该选项或者单击【加入】按钮，添加到下方的已选列表中，然后单击【确定】按钮完成组织范围的增加，如图 2-9 所示。

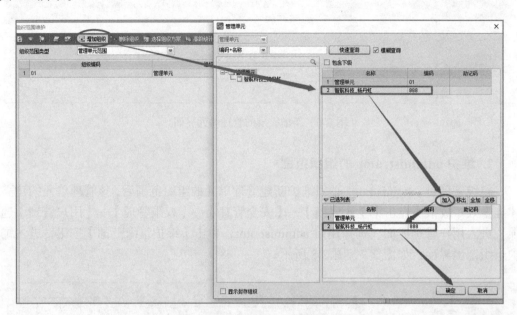

图 2-9　增加组织界面

返回组织范围维护界面，可以看到【智航科技_姓名】的组织。

**3. 新建系统管理员**

超级管理员可以为每个管理单元创建不同的系统管理员。管理员的职责为用户维护、权限管理、用户监控等。依次点击【企业建模】—【组织架构】—【管理单元】—【管理单元】选项，进入管理单元查询界面。

选择新创建的管理单元【智航科技_姓名】，单击【管理员维护】按钮。根据系统管理员信息表创建管理员，用户账号为 admin_姓名，用户类型为系统用户，所属管理单元为管理单元，用户实名为 admin_姓名，缺省组织新增时默认为"管理单元"，密码为学号，单击【保存】按钮，如图 2-10 所示。

保存管理员信息后，依次点击【企业建模】—【安全管理】—【权限管理】—【用户管理】选项进入【用户】对话框，选中【admin_姓名】选项，单击【维护组织范围】按钮，进入【组织范围】维护界面。

进入维护组织范围界面后，单击【增加组织】按钮，添加管理单元范围【智航科技_姓名】。在【管理单元】对话框，选择【智航科技—姓名】选项，双击该选项或单击【加入】按钮，添加到下方的已选列表中，然后单击【确定】按钮完成组织范围的增加。

返回维护组织范围界面，可以看到【智航科技_姓名】的组织。

返回用户管理查询界面，选中用户【admin_姓名】，单击【修改】按钮，在【缺省组织】文本框输入【智航科技_姓名】，然后单击【保存】按钮。如图 2-11 所示。

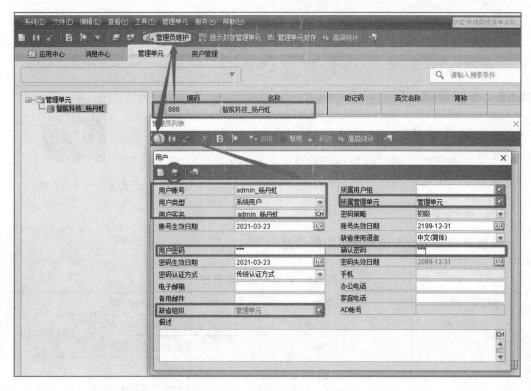

图 2-10　管理员维护界面

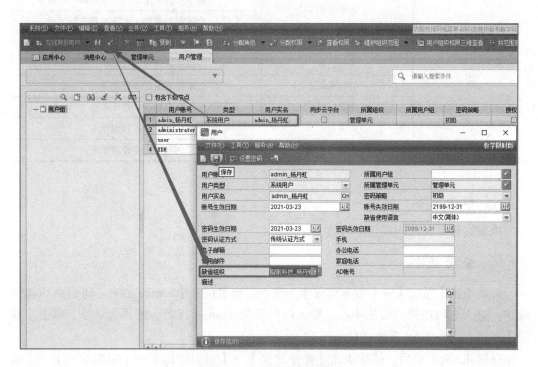

图 2-11　用户管理查询界面

**注意：**

- 此处的"_"必须是英文状态。
- 管理员维护界面右下方组织选择是"管理单元"。

### 2.4.2 维护管理单元

视频 2.2 维护管理单元

#### 应用场景

为了处理深圳智航科技公司的业务，需要在系统里设置维护管理单元组织属性及管理单元各组织类型基本信息的勾选。

#### 案例资料

智航科技公司的管理单元组织属性见表 2-3。

表 2-3 管理单元组织属性

| 管理单元名称 | 组织类型 | 属性内容 |
| --- | --- | --- |
| 智航科技_姓名 | 行政组织 | 上级行政组织：管理单元 |
| | | 组织层次类型：集团 |
| | | 独立核算：勾选 |
| | 财务组织 | 上级财务组织：管理单元 |
| | | 基本核算汇率表：基本核算汇率表 |
| | | 会计期间类型：大陆期间类型 |
| | | 本位币：人民币 |
| | 采购组织 | 上级采购组织：管理单元 |
| | 销售组织 | 上级销售组织：管理单元 |
| | 库存组织 | 上级库存组织：管理单元 |
| | 成本中心 | 上级成本中心：管理单元 |
| | 利润中心 | 上级利润中心：管理单元 |

#### 任务内容

维护管理单元组织属性。

#### 应用指导

依次点击【系统】—【重新登录】选项，切换至用户【admin_姓名】进行组织属性维护，进入老师提供的数据中心，输入用户名为 admin_姓名，密码为学号，单击【登录】按钮，进入 EAS 系统，如图 2-12 所示。

登录 EAS 系统后，依次点击【企业建模】—【组织架构】—【组织单元】—【组织单元】选项，进入组织单元查询界面。

进入组织单元查询界面后，选择【智航科技_姓名】这个选项后，点击上方的【修

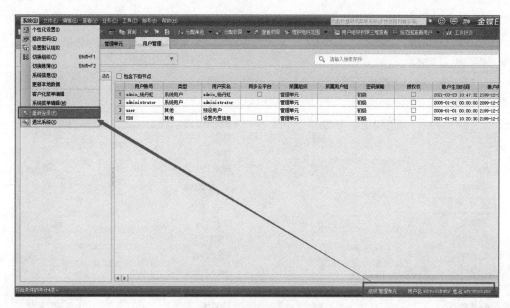

图 2-12　系统切换用户界面

改】按钮,打开管理单元组织属性维护界面,如图 2-13 所示。然后勾选【行政组织】【财务组织】【采购组织】【销售组织】【库存组织】【成本中心】【利润中心】复选框。

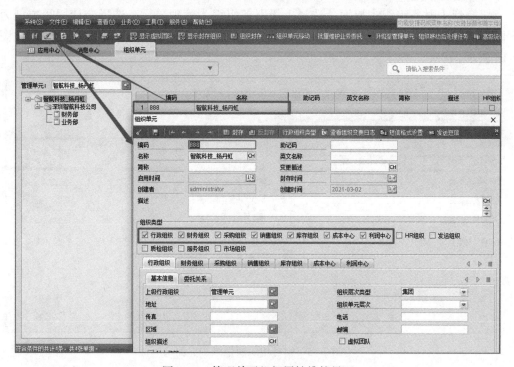

图 2-13　管理单元组织属性维护界面

勾选完组织类型后依次设置各个标签的信息。

在行政组织界面的【基本信息】标签选择上级行政组织为管理单元,组织层次类型选择为【集团】,勾选【独立核算】复选框,如图 2-14 所示。

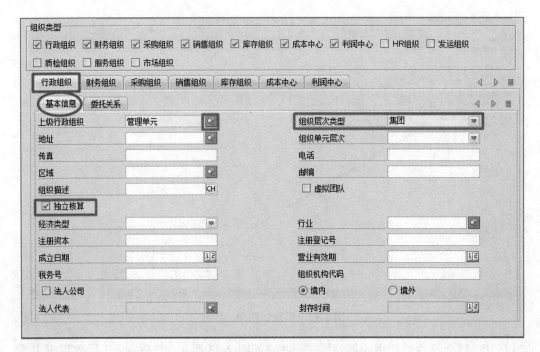

图 2-14　行政组织属性维护界面

切换到【财务组织】界面，选择上级财务组织为管理单元，选择会计期间类型为大陆期间类型，选择基本核算汇率表为基本核算汇率表，选择本位币为人民币，如图 2-15 所示。

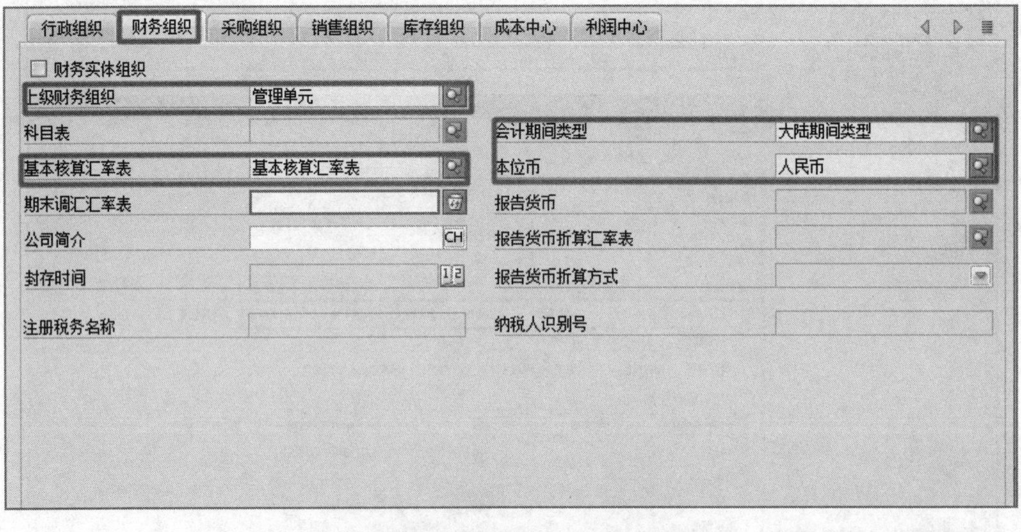

图 2-15　财务组织属性维护界面

切换到【采购组织】标签，选择上级采购组织为管理单元，如图 2-16 所示。
切换到【销售组织】标签，选择上级销售组织为管理单元，如图 2-17 所示。
切换到【库存组织】标签，选择上级库存组织为管理单元，如图 2-18 所示。
切换到【成本中心】标签，选择上级成本中心为管理单元，如图 2-19 所示。

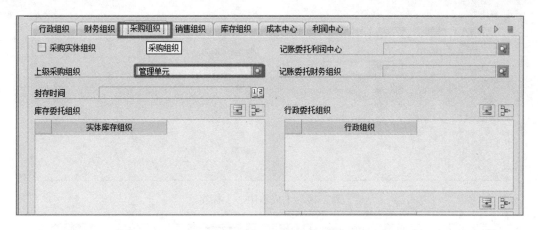

图 2-16　【采购组织】标签

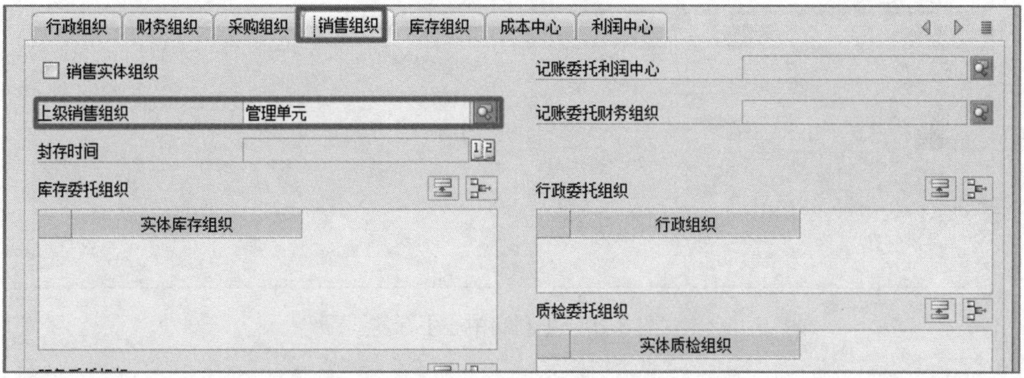

图 2-17　【销售组织】标签

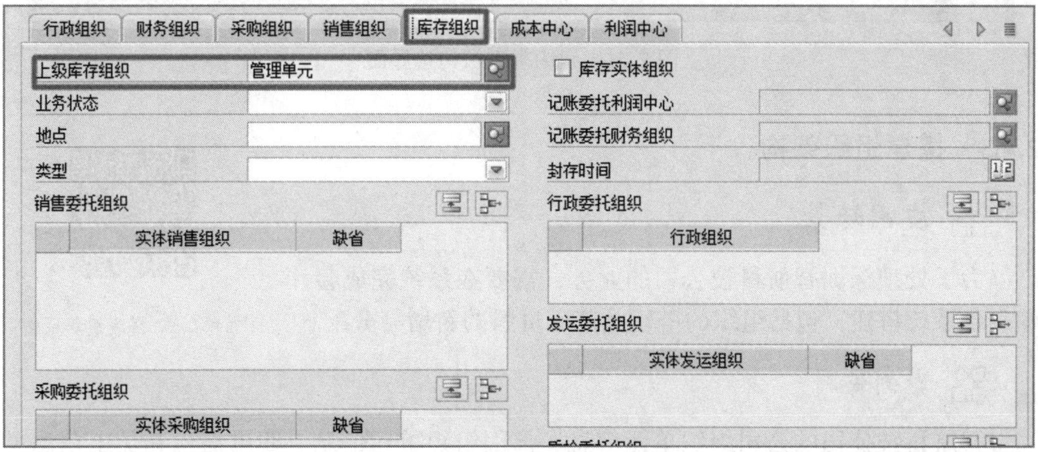

图 2-18　【库存组织】标签

切换到【利润中心】标签，选择上级利润中心为管理单元，如图 2-20 所示。

所有组织类型标签设置完毕后，保存组织单元信息即可。

返回组织单元查询界面，可以看到组织单元的组织类型已被勾选，如图 2-21 所示。

图 2-19    【成本中心】标签

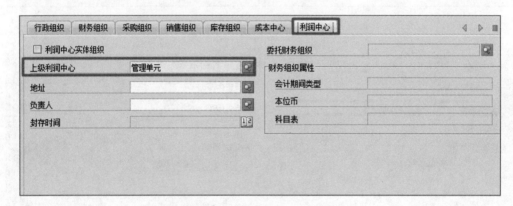

图 2-20    【利润中心】标签

图 2-21    组织类型被勾选界面

### 2.4.3    搭建组织架构

#### 应用场景

为了处理深圳智航科技公司的业务，需要在系统完成会计
信息化系统搭建，包括组织的搭建及基础资料的新增与分配。

视频 2.3    搭建组织架构

#### 案例资料

智航科技公司的公司组织单元信息、部门组织单元信息、职位信息和员工信息见
表 2-4、表 2-5、表 2-6 和表 2-7。

表 2-4    公司组织单元信息

| 组织信息 | 组织类型 | 组织属性内容 |
|---|---|---|
| 编码：学号.01<br>名称：深圳智航科技公司 | 行政组织 | 上级行政组织：智航科技_姓名<br>组织层次类型：公司<br>独立核算：勾选 |

续表

| 组织信息 | 组织类型 | 组织属性内容 |
|---|---|---|
| 编码：学号.01<br>名称：深圳智航科技公司 | 财务组织 | 财务实体组织：勾选<br>上级财务组织：智航科技_姓名<br>基本核算汇率表：基本核算汇率表<br>会计期间类型：大陆期间类型<br>本位币：人民币 |
| | 采购组织 | 上级采购组织：智航科技_姓名 |
| | 销售组织 | 上级销售组织：智航科技_姓名 |
| | 库存组织 | 上级库存组织：智航科技_姓名 |
| | 成本中心 | 上级成本中心：智航科技_姓名 |
| | 利润中心 | 上级利润中心：智航科技_姓名 |

**表 2-5　部门组织单元信息**

| 部门信息 | 组织类型 | 组织属性内容 |
|---|---|---|
| 选中深圳智航科技公司后新增<br>编码：学号.01.01<br>名称：财务部 | 行政组织 | 上级行政组织：深圳智航科技公司 |
| | | 组织层次类型：部门 |
| | 成本中心 | 上级成本中心：深圳智航科技公司 |
| | | 成本中心实体：勾选 |
| 选中深圳智航科技公司后新增<br>编码：学号.01.02<br>名称：业务部 | 行政组织 | 上级行政组织：深圳智航科技公司 |
| | | 组织层次类型：部门 |
| | 成本中心 | 上级成本中心：深圳智航科技公司 |
| | | 成本中心实体：勾选 |

**表 2-6　职 位 信 息**

| 编码 | 名称 | 行政组织 | 上级职位 |
|---|---|---|---|
| 学号.01 | 董事长 | 深圳智航科技公司 | bigboss |
| 学号.02 | 财务经理 | 财务部 | 董事长 |
| 学号.03 | 总账会计 | 财务部 | 财务经理 |
| 学号.04 | 往来会计 | 财务部 | 财务经理 |
| 学号.05 | 成本会计 | 财务部 | 财务经理 |
| 学号.06 | 出纳 | 财务部 | 财务经理 |
| 学号.07 | 综合业务员 | 业务部 | 成本会计 |

**表 2-7　员 工 信 息**

| 员工编码 | 员工 | 职位 |
|---|---|---|
| 学号.01 | 李宏亮 | 董事长 |
| 学号.02 | 邓永彬 | 财务经理 |
| 学号.03 | 聂小莉 | 总账会计 |
| 学号.04 | 周雯鑫 | 往来会计 |
| 学号.05 | 肖利华 | 成本会计 |
| 学号.06 | 李兴 | 出纳 |
| 学号.07 | 秦义 | 综合业务员 |

## 任务内容

（1）搭建公司组织信息。

（2）搭建部门组织信息。

（3）搭建职位体系。

（4）创建职员。

## 应用指导

### 1. 搭建公司组织信息

使用 "admin_姓名" 账号登录 EAS 系统后，依次点击【应用中心】—【企业建模】—【组织架构】—【组织单元】—【组织单元】选项进入组织单元查询界面，选中智航科技_姓名后单击【新增】按钮，打开【组织单元】对话框。

进入【组织单元】对话框后，输入编码为 "学号.01"，名称为深圳智航科技公司，组织类型依次勾选【行政组织】【财务组织】【采购组织】【销售组织】【库存组织】【成本中心】【利润中心】复选框，如图 2-22 所示。

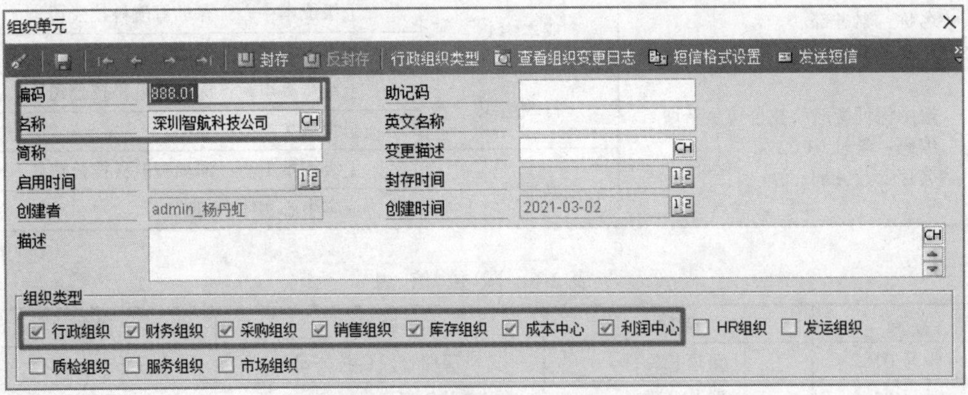

图 2-22 【组织单元】对话框

勾选完组织类型后依次设置各个标签的信息。

【行政组织】【基本信息】标签选择上级组织为智航科技_姓名，组织层次类型选择为公司，勾选独立核算如图 2-23 所示。

切换到财务组织标签，勾选【财务实体组织】复选框，选择上级财务组织为智航科技_姓名，选择会计期间类型为大陆期间类型，基本核算汇率表为基本核算汇率表，本位币为人民币。

切换到【采购组织】标签，选择上级采购组织为智航科技_姓名。

切换到【销售组织】标签，选择上级销售组织为智航科技_姓名。

切换到【库存组织】标签，选择上级库存组织为智航科技_姓名。

切换到【成本中心】标签，选择上级成本中心为智航科技_姓名。

切换到【利润中心】标签，选择上级利润中心为智航科技_姓名。

所有组织类型标签设置完毕后，保存组织单元信息即可。

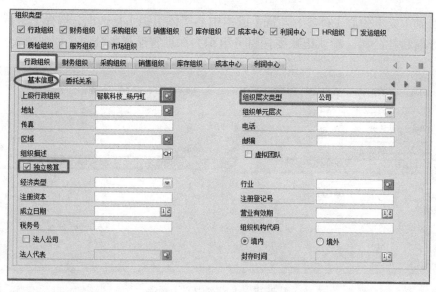

图 2-23　【基本信息】标签

返回【组织单元】对话框，可以看到深圳智航科技公司对应的组织类型已被勾选上。

**2. 搭建部门组织信息**

登录 EAS 系统后，依次点击【应用中心】—【企业建模】—【组织架构】—【组织单元】—【组织单元】选项进入【组织单元】对话框，选中【深圳智航科技公司】选项，单击【新增】按钮，打开组织单元新增界面。

进入组织单元新增界面后，输入编码为学号.01.01，名称为财务部，选择组织类型为行政组织、成本中心。

选择完组织类型后依次设置各个页签的信息。

【行政组织】【基本信息】标签选择上级组织为深圳智航科技公司，组织层次类型选择为部门，如图 2-24 所示。

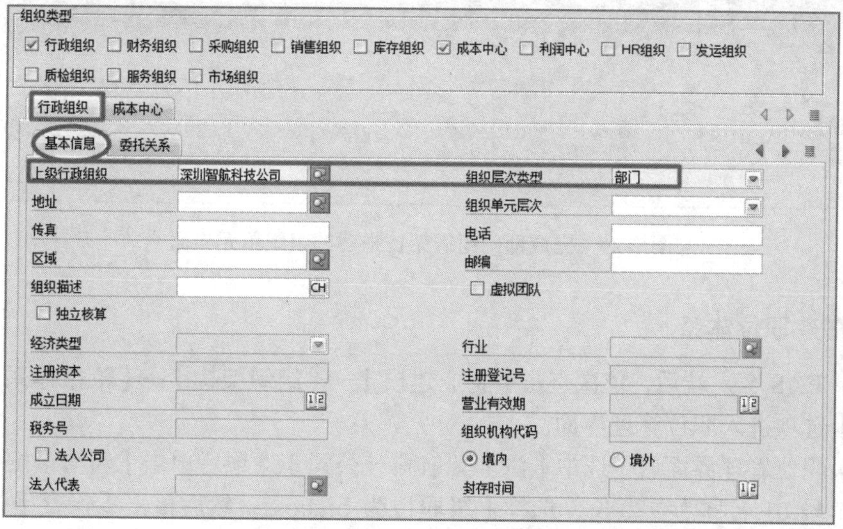

图 2-24　【基本信息】标签

切换到【成本中心】标签，勾选【成本中心实体组织】复选框，选择上级成本中心为深圳智航科技公司，确认记账委托财务组织为深圳智航科技公司，如图 2-25 所示。

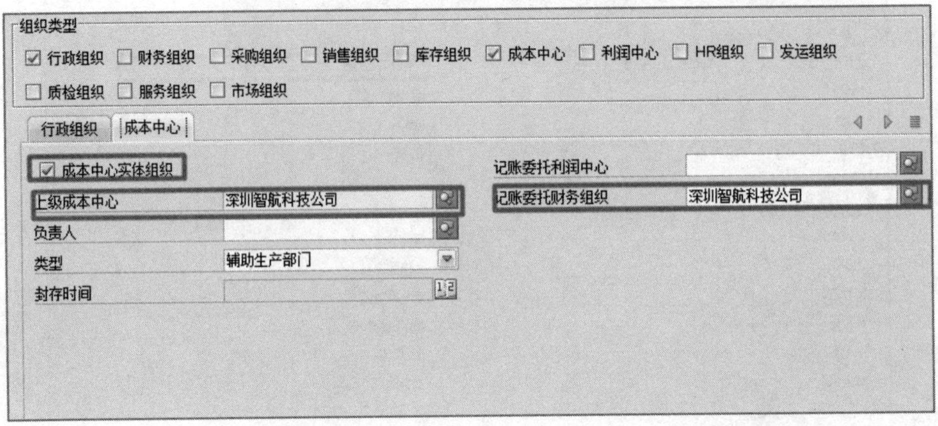

图 2-25 【成本中心】标签

所有组织类型标签设置完毕后，保存组织单元信息即可。

返回【组织单元】对话框，选中【深圳智航科技公司】选项后单击【新增】按钮，输入编码为学号.01.02，名称为业务部，选择组织类型为行政组织、成本中心。

选择完组织类型后依次设置各个标签的信息。

【行政组织】【基本信息】标签选择上级组织为深圳智航科技公司，组织层次类型选择为部门。

切换到【成本中心】标签，勾选【成本中心实体组织】复选框，选择上级成本中心为深圳智航科技公司，确认记账委托财务组织为深圳智航科技公司。

所有组织类型标签设置完毕后，保存组织单元信息即可。

完成部门组织架构搭建后的组织单元信息如图 2-26 所示。

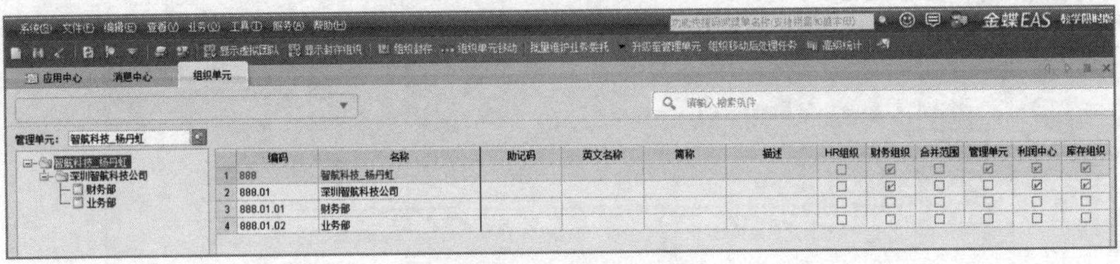

图 2-26 完成部门组织架构搭建的组织单元界面

### 3. 搭建职位体系

登录 EAS 客户端后，依次点击【企业建模】—【组织架构】—【汇报体系】—【职位管理】选项进入职位管理界面。

进入职位管理界面后，选中【深圳智航科技公司】选项后单击【新增】按钮，输入编码为学号.01，名称为董事长，选择上级职位为 bigboss，然后单击【保存】按钮，如图 2-27 所示。

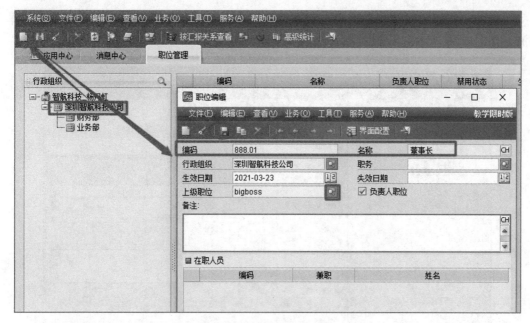

图 2-27 职位编辑界面

保存后返回职位管理界面，可以看到行政组织"深圳智航科技公司"下的职位，如图 2-28 所示。

图 2-28 新增的职位

新增完成后的财务部下的职位如图 2-29 所示。

图 2-29 新增完成的职位

新增业务部的职位注意选择上级职位为成本会计，否则会影响后续费用审批工作流，如图 2-30 所示。

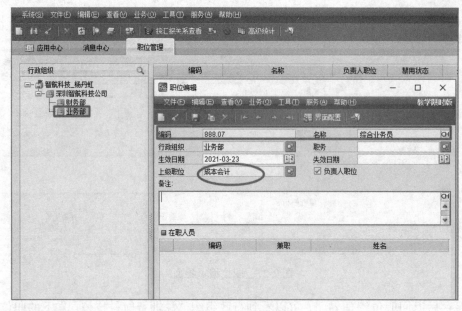

图 2-30　职位编辑界面

### 4. 创建职员

登录 EAS 客户端后，依次点击【企业建模】—【辅助数据】—【员工信息】—【员工】选项进入职员界面。

进入职员界面后，选中对应组织的职位进行新增，选中董事长选项，单击【新增】按钮，输入员工编码为学号.01，名称为李宏亮，然后单击【保存】按钮，如图 2-31 所示。

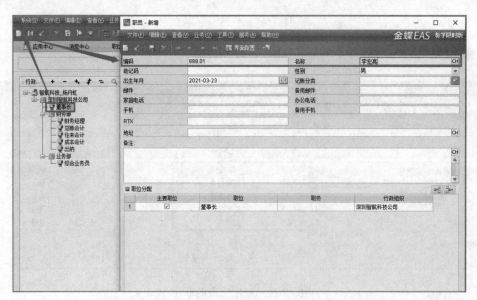

图 2-31　【新增】对话框

返回职员界面可以看到董事长职位下对应的职员。新增完成所有职位后，在职员界面，选择智航科技_姓名，勾选【包含下级人员】复选框，可以查询到所有职位下的职员，如图 2-32 所示。

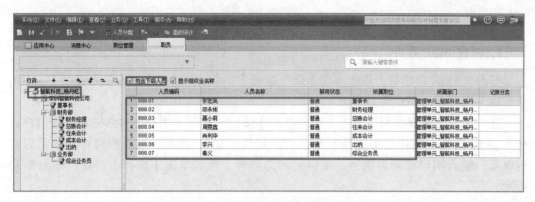

图 2-32　所有职位下的职员查询界面

## 2.4.4　用户管理

### 应用场景

为了处理深圳智航科技公司的业务，需要在系统完成用户管理相关设置，包括创建 user 用户及创建职员的用户信息等。

视频 2.4　用户管理

### 案例资料

智航科技公司的 user 用户信息和职员用户信息见表 2-8 和表 2-9。

表 2-8　user 用户信息表

| 用户账号 | 用户类型 | 用户实名 | 所属管理单元 | 密码 | 维护组织范围 | 为各个分配权限 | 缺省组织 |
| --- | --- | --- | --- | --- | --- | --- | --- |
| user_姓名 | 其他 | user_姓名 | 管理单元 | 学号 | 管理单元、智航科技_姓名、深圳智航科技公司 | 所有权限 | 深圳智航科技公司 |

表 2-9　职员用户信息表

| 用户账号 | 用户类型 | 用户实名 | 组织范围批量添加 | 批量分配角色 | 缺省组织 |
| --- | --- | --- | --- | --- | --- |
| lhl 学号 | 职员 | 李宏亮 | | 董事长 | |
| dyb 学号 | 职员 | 邓永彬 | | 财务经理 | |
| nxl 学号 | 职员 | 聂小莉 | | 总账会计 | |
| zwx 学号 | 职员 | 周雯鑫 | 智航科技_姓名、深圳智航科技公司 | 往来会计 | 深圳智航科技公司 |
| xlh 学号 | 职员 | 肖利华 | | 成本会计 | |
| lx 学号 | 职员 | 李兴 | | 出纳 | |
| qy 学号 | 职员 | 秦义 | | 综合业务员 | |

### 任务内容

（1）创建 user 用户。

（2）创建职员的用户信息。

（3）批量分配用户角色。

（4）调整用户的缺省组织。

### 应用指导

**1. 创建 user 用户**

登录 EAS 客户端后，依次点击【企业建模】—【安全管理】—【权限管理】—【用户管理】选项进入用户管理界面。

进入用户管理界面后，单击【用户新增】按钮，打开【用户】对话框。输入用户账号为 user_姓名，用户类型选择其他，用户实名为 user_姓名，选择所属管理单元为管理单元，输入用户密码为学号，确认密码为学号，然后单击【保存】按钮，如图 2-33 所示。

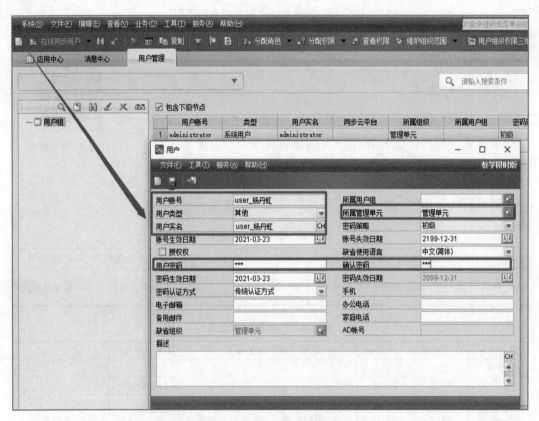

图 2-33 新增用户信息界面

在【用户管理】界面，单击工具栏【维护组织范围】按钮为该用户添加业务组织，在【组织范围维护】对话框，选择组织范围类型为业务组织，单击【增加组织】按钮。在【组织单元】对话框，左边选中智航科技_姓名后，将智航科技_姓名、深圳智航科技公司全选，将组织添加到已选列表。单击【确认】按钮，完成 user 用户业务组织范围的维护，返回【组织范围维护】对话框，可以看到维护好的组织，如图 2-34、图 2-35 所示。

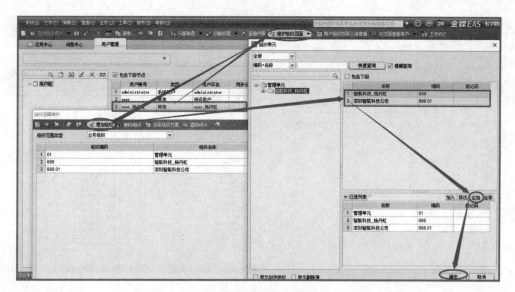

图 2-34　维护组织范围界面

| | 组织编码 | 组织名称 |
|---|---|---|
| 组织范围类型 | 业务组织 | |
| 1 | 01 | 管理单元 |
| 2 | 888 | 智航科技_杨丹虹 |
| 3 | 888.01 | 深圳智航科技公司 |

图 2-35　组织范围类型界面

在用户管理界面，选中用户 user_姓名后，单击工具栏【分配权限】按钮打开【分配权限】对话框，选择组织为管理单元后，单击 >> 按钮将所有权限赋予管理单元后单击【保存】按钮，如图 2-36 所示。

选择组织为智航科技_姓名，将所有权限赋予智航科技_姓名后保存。如图 2-37 所示。

选择组织为深圳智航科技公司，将所有权限赋予深圳智航科技公司后保存。

设置完成 3 个组织的权限后，返回用户查询界面，选择 user_姓名，单击【修改】按钮，设置缺省组织为深圳智航科技公司，然后单击【保存】按钮。如图 2-38 所示。

### 2. 创建职员的用户信息

登录 EAS 客户端后，依次点击【企业建模】—【安全管理】—【权限管理】—【用户管理】选项进入用户管理界面，单击【用户新增】按钮，打开用户新增界面。输入用户账号为"lhl 学号"，用户类型为职员，用户实名选择李宏亮，然后单击【保存】按钮。如图 2-39 所示。

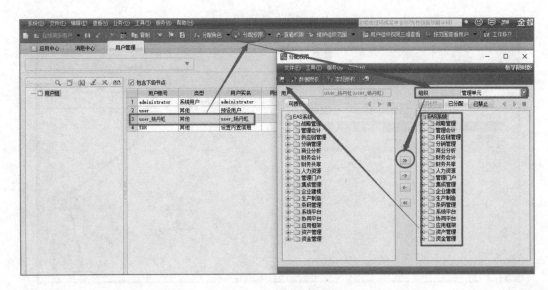

图 2-36　分配权限界面

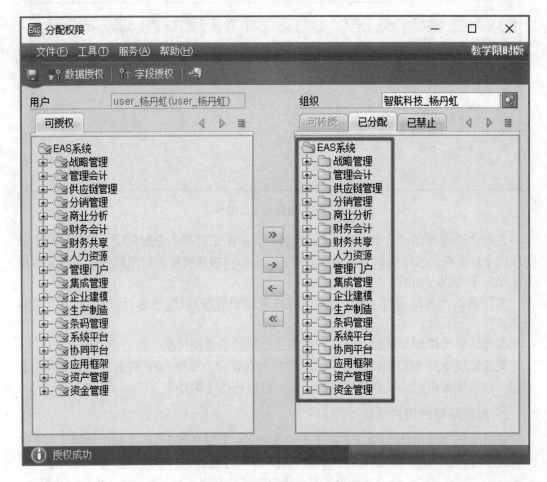

图 2-37　分配权限保存界面

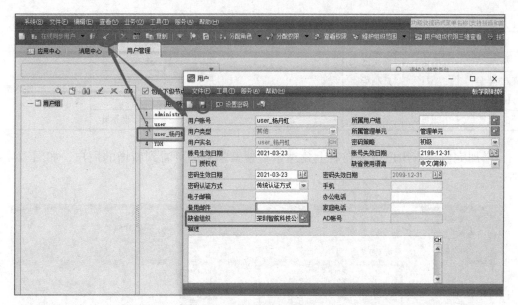

图 2-38　用户查询界面

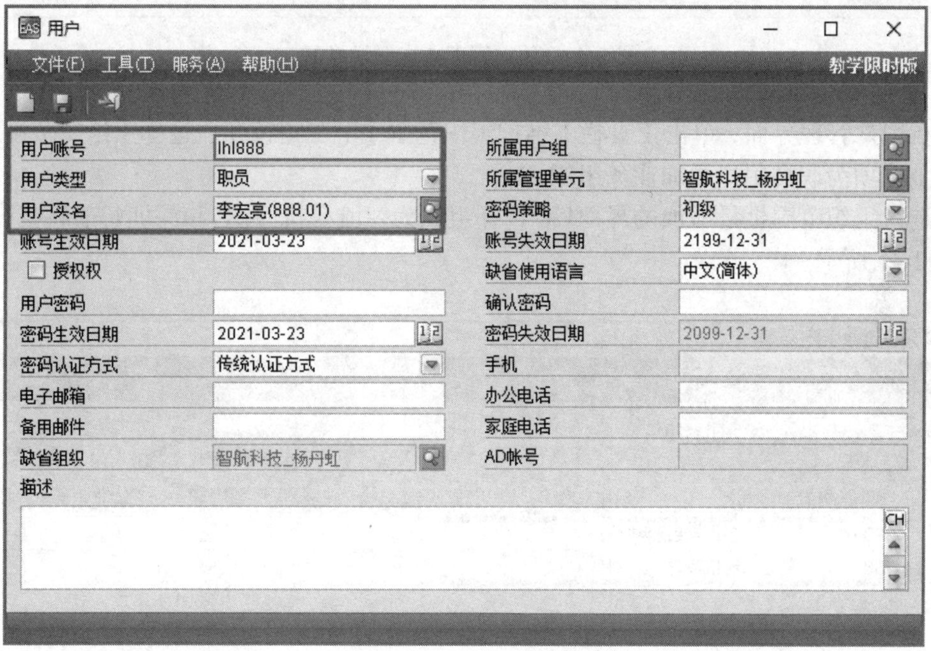

图 2-39　用户新增界面

其他用户按照相同的方式增加。具体信息如表 2-10 所示。

表 2-10　新增加信息

| 用户账号 | 用户类型 | 用户实名 | 组织范围批量添加 | 批量分配角色 | 缺省组织 |
|---|---|---|---|---|---|
| lhl 学号 | 职员 | 李宏亮 | 智航科技-姓名、深圳智航科技公司 | 董事长 | 深圳智航科技公司 |
| dyb 学号 | 职员 | 邓永彬 | | 财务经理 | |
| nxl 学号 | 职员 | 聂小莉 | | 总账会计 | |

续表

| 用户账号 | 用户类型 | 用户实名 | 组织范围批量添加 | 批量分配角色 | 缺省组织 |
|---------|---------|---------|----------------|-------------|---------|
| zwx 学号 | 职员 | 周雯鑫 | | 往来会计 | |
| xlh 学号 | 职员 | 肖利华 | 智航科技-姓名、深圳智航科技公司 | 成本会计 | 深圳智航科技公司 |
| lx 学号 | 职员 | 李兴 | | 出纳 | |
| qy 学号 | 职员 | 秦义 | | 综合业务员 | |

增加完成所有用户后，在右上角搜索框搜索学号即可看到新增的用户，如图 2-40 所示。

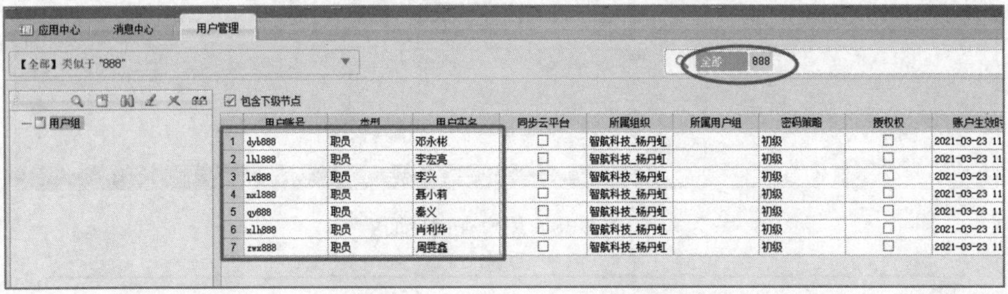

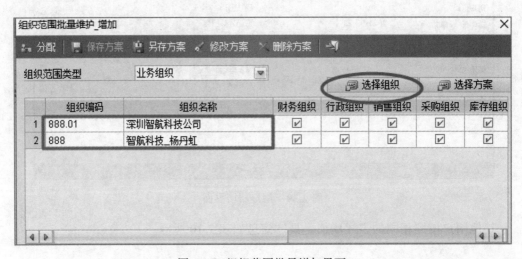

图 2-40　用户管理查询新增界面

在用户管理界面，单击工具栏【维护组织范围】下三角按钮，选择【组织范围批量增加】选项为职员用户添加业务组织。

进入组织范围批量增加的界面后，选择组织为智航科技_姓名和深圳智航科技公司，如图 2-41 所示。

图 2-41　组织范围批量增加界面

在用户列表界面搜索用户账号（包含学号），按 shift 键选中筛选出来的用户后，单击【确定】按钮，用户列表即可显示前面新增的以学号为标志的用户，如图 2-42 所示。

确认组织和用户无误，即可单击分配按钮，如图 2-43 和图 2-44 所示。

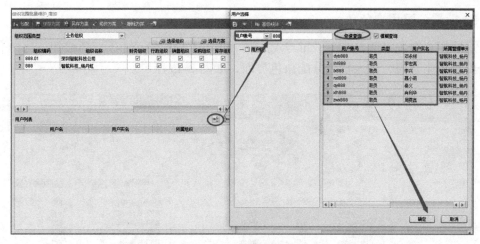

图 2-42  用户列表界面

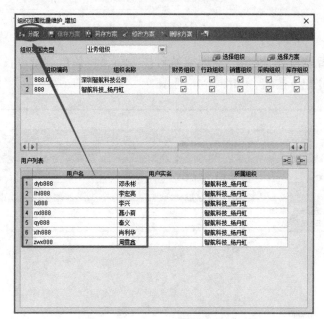

图 2-43  组织范围确认分配界面

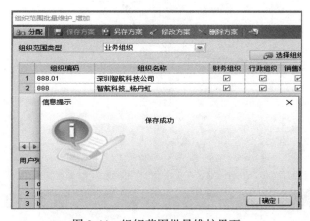

图 2-44  组织范围批量维护界面

### 3. 批量分配用户角色

返回用户查询界面，选中"lhl 学号"后，单击【分配角色】下三角按钮，选择【批量分配角色】选项，进入批量分配角色界面，如图 2-45 所示。

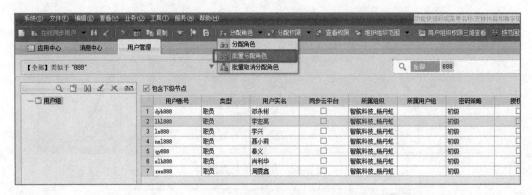

图 2-45　批量分配角色界面

选择组织为智航科技_姓名、深圳智航科技公司，将角色"董事长"从左边选择至右边后，单击【分配】按钮，如图 2-46 所示。

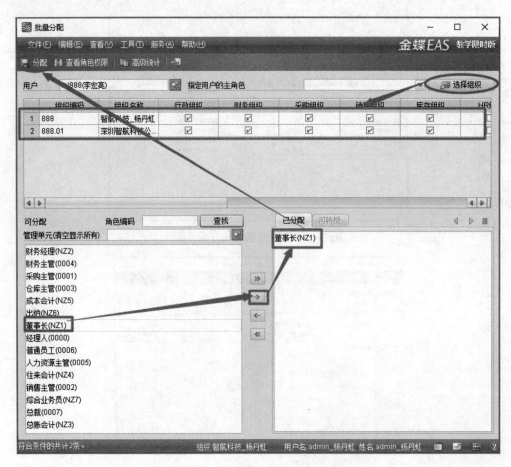

图 2-46　批量分配角色操作界面

其他剩下的 6 个用户按照相同的方式进行角色的批量分配，确保所有用户的角色都分配至智航科技_姓名、深圳智航科技公司下。可通过选中用户查询权限以确保用户权限已成功分配，如图 2-47 所示。

图 2-47　用户管理查看权限界面

### 4. 调整用户的缺省组织

在用户管理界面，选择用户后，单击工具栏上的 ✎ 按钮，打开用户修改界面，修改缺省组织为"深圳智航科技公司"，如图 2-48 所示。

**注意**：全部的职员用户都需要调整缺省组织。

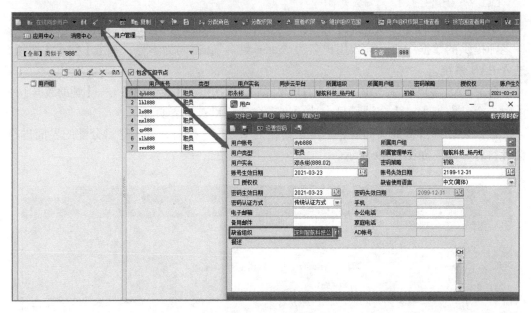

图 2-48　用户修改界面

保存后"dyb 学号"从用户管理界面消失，若需修改，需要切换用户 administrator（密码为 kdadmin）进行修改。

其他用户按照同样的方式设置缺省组织，直到搜索学号后，无相关用户则说明设置缺省组织全部完成。

# 2.5　期　初　设　置

## 2.5.1　会计科目设置

### 应用场景

视频 2.5　会计科目设置

为了处理深圳智航科技公司的业务，需要在系统完成期初设置，如会计科目设置等。

### 案例资料

切换管理单元，单击工具栏的【分配】按钮，勾选显示所有下级组织【智航科技_姓名（学号）】和【深圳智航科技公司（学号.01）】复选框，单击【显示未分配科目】单选按钮，最后全选所有科目后单击【保存】按钮，即可把内置的科目分配给子管理单元和业务组织。

### 任务内容

完成会计科目设置。

### 应用指导

单击系统下的【重新登录】按钮，切换至用户"user_姓名"进行会计科目分配选择老师提供的数据中心，输入用户名为"user_姓名"，密码为学号，单击【登录】按钮，进入 EAS 系统。

登录 EAS 客户端后，切换组织为管理单元后，依次点击【企业建模】—【辅助数据】—【财务会计数据】—【会计科目】选项进入会计科目查询界页面。

进入会计科目查询页面后，单击工具栏的【分配】按钮，进入科目分配的界面进行会计科目分配，如图 2-49 所示。

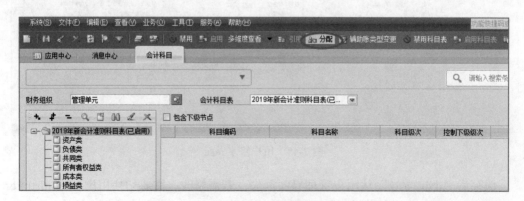

图 2-49　会计科目查询界面

进入科目分配的界面后，勾选【显示所有下级财务组织】复选框，然后单击【全选】按钮，选中智航科技_姓名、深圳智航科技公司，单击【显示未分配科目】按钮，然后单击【全选】按钮，最后单击【分配】按钮，系统提示科目分配成功则代表内置于管理单元的科目被分配到智航科技_姓名、深圳智航科技公司，可切换到对应组织查看分配过去的会计科目，如图 2-50 所示。

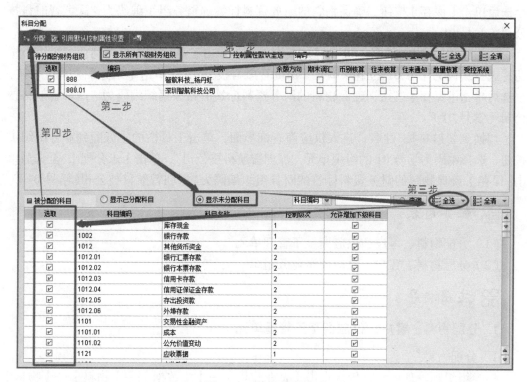

图 2-50　科目分配界面

### 2.5.2　基础资料设置

#### 应用场景

为了处理深圳智航科技公司的业务，需要在系统完成基础资料设置。

视频 2.6　基础资料设置

#### 案例资料

资料 1：分配物料（13）、客户（7）、供应商（14）到子管理单元。

切换到管理单元，进入物料查询界面，单击工具栏的【分配到管理单元】按钮选择编码为学号的管理单元"智航科技_姓名"，单击【未分配】单选按钮，全选后单击【保存】单选按钮。

切换到管理单元，进入客户查询界面，单击工具栏的【分配到管理单元】按钮单选编码为学号的管理单元"智航科技_姓名"，单击未分配，全选后单击保存。

切换到管理单元，进入供应商查询界面，单击工具栏的【分配到管理单元】按钮选择码为学号的管理单元编"智航科技—姓名",单击【未分配】单选按钮,全选后单击保存按钮。

资料2：分配物料、客户、供应商到业务组织。

切换到智航科技_姓名,进入物料查询界面,单击工具栏的【分配到业务组织】按钮,选择编码为学号.01的组织单元"深圳智航科技公司",单击【未分配】单选按钮,全选后单击【保存】按钮,确保物料的财务资料标签的财务组织编码为"深圳智航科技公司(学号.01)"。

切换到智航科技_姓名,进入客户查询界面,单击工具栏的【分配到业务组织】按钮,选择编码为学号.01的组织单元"深圳智航科技公司",单击【未分配】单选按钮,全选后单击【保存】按钮,确保物料的财务资料标签的财务组织编码为"深圳智航科技公司(学号.01)"。

切换到智航科技_姓名,进入供应商查询界面,单击工具栏的【分配到业务组织】按钮,选择编码为学号.01的组织单元"深圳智航科技公司",单击【未分配】,全选后单击【保存】,确保物料的财务资料标签的财务组织编码为"深圳智航科技公司(学号.01)"。

## 任务内容

（1）分配物料、客户、供应商至子管理单元。
（2）分配物料、客户、供应商至业务组织。

## 应用指导

### 1. 分配物料、客户、供应商至子管理单元

1）分配物料

切换组织到管理单元,依次点击【企业建模】—【主数据】—【物料】—【物料】选项,进入物料查询界面,如图 2-51 所示。

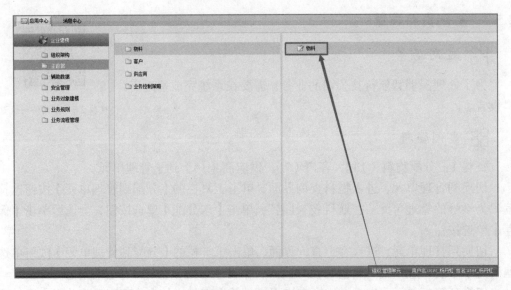

图 2-51　物料查询界面

　　进入物料查询界面后，单击工具栏的【分配到管理单元】按钮，进入分配物料的界面。

　　选择管理单元"智航科技_姓名"，选择未分配物料后单击【全选】按钮，最后单击【保存】按钮，系统提示保存成功，再次确保 13 个物料均在已分配里面，如图 2-52、图 2-53 所示。

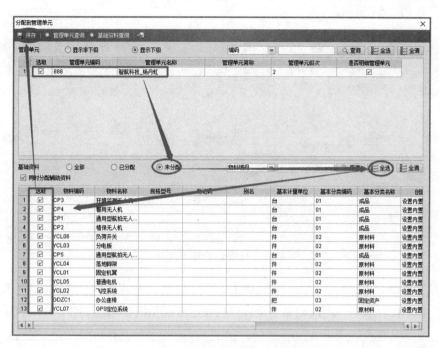

图 2-52　未分配物料选择界面

图 2-53　已分配物料选取界面

2）分配客户

切换组织到管理单元，依次点击【企业建模】—【主数据】—【客户】—【客户】选项，进入客户查询界面。

进入客户查询界面后，单击工具栏的【分配到管理单元】按钮，进入分配到管理单元界面，如图 2-54 所示。

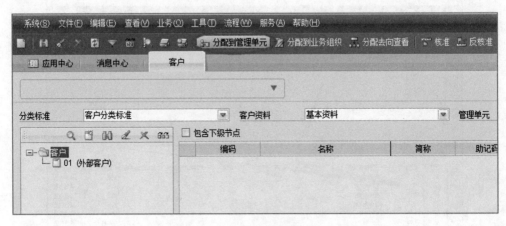

图 2-54    分配到管理单元界面

选择管理单元"智航科技_姓名"，单击【未分配】【全选】按钮，最后单击【保存】按钮，系统提示保存成功，再次确保 7 个客户均在已分配里面，如图 2-55、图 2-56 所示。

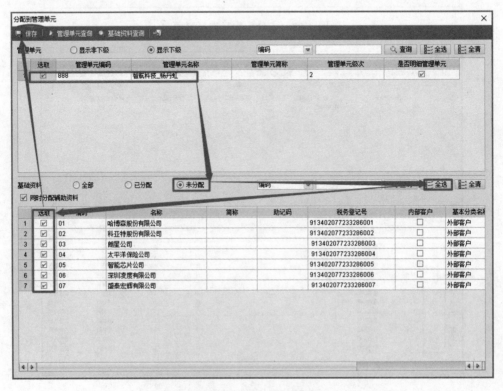

图 2-55    分配客户界面

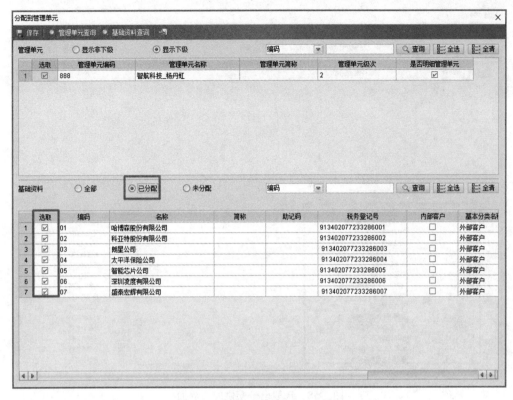

图 2-56　选取已分配客户界面

3）分配供应商

切换组织到管理单元，依次点击【企业建模】—【主数据】—【供应商】—【供应商】选项，进入供应商查询界面，如图 2-57 所示。

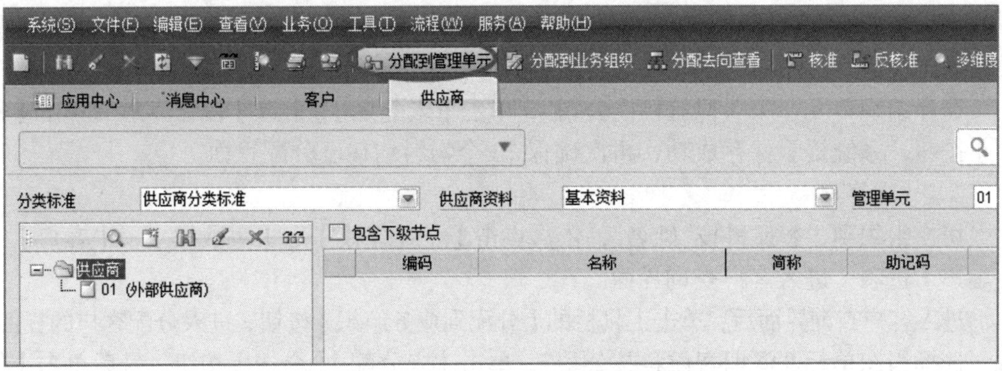

图 2-57　供应商查询界面

进入供应商查询界面后，单击工具栏的【分配到管理单元】按钮，进入分配供应商的界面。

选择管理单元"智航科技_姓名"，单击【未分配】【全选】按钮，最后单击【保存】按钮，系统提示保存成功，再次确保 14 个供应商均在已分配里面，如图 2-58 所示。

图 2-58　选取已分配供应商界面

**2. 分配物料、客户、供应商至业务组织**

1）分配物料

切换组织到"智航科技_姓名"，依次点击【企业建模】—【主数据】—【物料】—【物料】选项，进入物料查询界面。

进入物料查询界面后，单击工具栏的【分配到业务组织】按钮，进入分配物料的界面，如图 2-59、图 2-60 所示。

选择组织单元"深圳智航科技公司"，单击【未分配】【全选】按钮，最后单击【保存】按钮，系统提示保存成功，再次确保 13 个物料均在已分配里面。

2）分配客户

切换组织到"智航科技_姓名"，依次点击【企业建模】—【主数据】—【客户】—【客户】选项，进入客户查询界面。

进入客户查询界面后，单击工具栏的【分配到业务组织】按钮，进入分配客户的界面。

选择组织单元"深圳智航科技公司"，单击【未分配】【全选】按钮，最后单击【保存】按钮，系统提示保存成功，再次确保 7 个客户均在已分配里面。

3）分配供应商

切换组织到"智航科技__姓名"，依次点击【企业建模】—【主数据】—供应商】—【供应商】选项，进入供应商查询界面。

进入供应商查询界面后，单击工具栏的【分配到管理单元】按钮，进入分配供应商的界面。

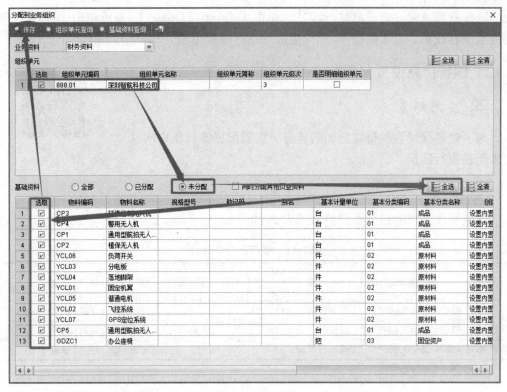

图 2-59　分配物料界面

图 2-60　选取已分配物料界面

选择管理单元"智航科技_姓名",单击【未分配】【全选】,最后单击【保存】,系统提示保存成功,再次确保 14 个供应商均在已分配里面。

### 2.5.3　银行信息设置

🔲 **应用场景**

为了处理深圳智航科技公司的业务,需要根据银行账户信息表来新建银行账户。

视频 2.7　银行信息设置

🔲 **案例资料**

智航科技公司的银行账户信息见表 2-11。

表 2-11　银行账户信息表

| 编码 | 银行账号 | 名称 | 开户单位 | 金融机构 | 币别 | 科目 | 用途 | 账户收支属性 |
|------|---------|------|---------|---------|------|------|------|------------|
| 学号.001 | 438746288800008*** | 工商银行南山支行 | 深圳智航科技公司 | 工商银行 | 人民币 | 银行存款 | 活期 | 收入户 |
| 学号.002 | 438746288800007*** | 工商银行宝安支行 | | | 人民币 | 银行存款 | 活期 | 支出户 |
| 学号.003 | 438746288800006*** | 工商银行罗湖支行 | | | 人民币 | 银行存款 | 活期 | 收支户 |

说明:***为学号后三位。

🔲 **任务内容**

切换到"深圳智航科技公司"新建银行账户。

🔲 **应用指导**

切换组织到"深圳智航科技公司",依次点击【资金管理】—【账户管理】—【业务处理】—【银行账户维护】进入银行账户界面,单击【新增】按钮,如图 2-61、图 2-62 所示。

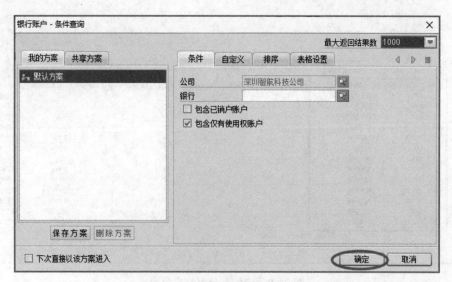

图 2-61　银行账户条件查询界面

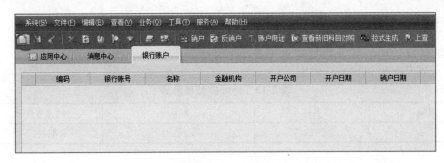

图 2-62　银行账户界面

进入银行账户-新增界面后，按照银行账户信息表，输入编码为"学号.001"，银行账号为"43874628880008888"，名称为工商银行南山支行，确认开户单位为深圳智航科技公司，金融机构选择工商银行，币别为人民币，科目选择银行存款，用途为活期，账户收支属性为收入户，确认所有信息无误后，保存第一个银行账户信息，如图 2-63 所示。

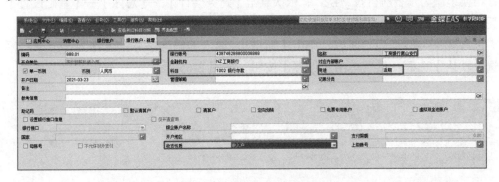

图 2-63　银行账户新增界面

另外两个银行账户按照相同的方式进行新增，具体信息如表 2-10 所示。

3 个银行账户新增完成后，返回银行账户查询界面，可以看到 3 个银行账户完成新增，如图 2-64 所示。

| | 编码 | 银行账号 | 名称 | 金融机构 | 开户公司 | 开户日期 | 销户日期 | 备注 | 是否单一币别 | 币别 | 科目 | 账户用途 |
|---|---|---|---|---|---|---|---|---|---|---|---|---|
| 1 | 888.001 | 43874628880008888 | 工商银行南山支行 | 工商银行 | 深圳智航科技公... | 2021-03-02 | | | ☑ | 人民币 | 银行存款 | 活期 |
| 2 | 888.002 | 43874628880007888 | 工商银行宝安支行 | 工商银行 | 深圳智航科技公... | 2021-03-02 | | | ☑ | 人民币 | 银行存款 | 活期 |
| 3 | 888.003 | 43874628880006888 | 工商银行罗湖支行 | 工商银行 | 深圳智航科技公... | 2021-03-02 | | | ☑ | 人民币 | 银行存款 | 活期 |

图 2-64　银行账户查询界面

### 2.5.4　凭证类型设置

#### 🔡 应用场景

为了处理深圳智航科技公司的业务，需要在系统完成会计信息化系统搭建，完成新建凭证类型。

视频 2.8　凭证类型设置

### 案例资料

智航科技公司的凭证类型信息见表 2-12。

表 2-12 凭证类型信息表

| 编码 | 名称 | 默认 | 创建管理单元 |
|------|------|------|------------|
| 学号 | 记_姓名 | 是 | 智航科技-姓名 |

### 任务内容

切换组织到"智航科技_姓名",新建凭证类型。

### 应用指导

切换组织为"智航科技_姓名",依次点击【财务会计】—【总账】—【基础设置】—【凭证类型】选项进入凭证类型查询界面。

进入凭证类型查询界面后,单击【新增】,输入编码为学号,名称为"记_姓名",勾选【默认】选框,然后单击【保存】按钮,如图 2-65 所示。

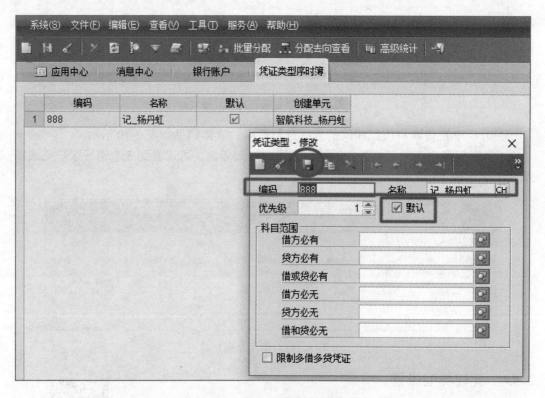

图 2-65 凭证类型查询界面

返回凭证类型查询界面,可以看到新增完成的凭证类型,创建单元为"智航科技_姓名",如图 2-66 所示。

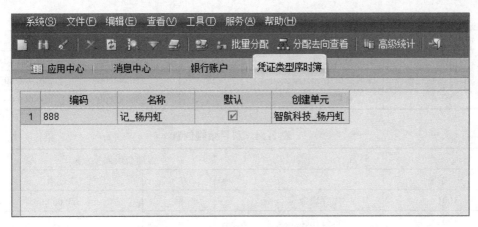

图 2-66　查询新增完成凭证类型界面

# 2.6　初始化设置

## 2.6.1　总账初始化

### 应用场景

为了处理深圳智航科技公司的业务，需要在会计信息化系统进行总账初始化设置，包括启用期间设置及相关初始化录入。

视频 2.9　总账初始化

### 案例资料

智航科技公司的辅助账期初余额信息、科目余额信息见表 2-13、表 2-14。

表 2-13　辅助账期初余额信息

| 币别 | 科目 | 核算项目 | 方向 | 原币/元 | 本位币/元 |
|---|---|---|---|---|---|
| 人民币 | 银行存款 | 工商银行宝安支行 | 借 | 6,515,522.82 | 6,515,522.82 |
| | | 工商银行罗湖支行 | | 200,000.00 | 200,000.00 |
| | 原材料 | 落地脚架 | 借 | 8,820.00 | 8,820.00 |
| | | 普通电机 | | 65,436.00 | 65,436.00 |
| | | 固定机翼 | | 694,800.00 | 694,800.00 |
| | | 飞控系统 | | 382,452.00 | 382,452.00 |
| | | 分电板 | | 123,024.00 | 123,024.00 |
| | 应收账款 | 朗星公司 | 借 | 15,899,950.00 | 15,899,950.00 |
| | | 深圳凌度有限公司 | | 917,800.00 | 917,800.00 |
| | 库存商品 | 通用型航拍无人机 | 借 | 560,000.00 | 560,000.00 |
| | | 通用型航拍无人机定制 A 款 | | 1,116,000.00 | 1,116,000.00 |
| | | 警用无人机 | | 622,872.00 | 622,872.00 |
| | | 环境监测无人机 | | 322,364.00 | 322,364.00 |
| | | 植保无人机 | | 4,159,968.00 | 4,159,968.00 |

续表

| 币别 | 科目 | 核算项目 | 方向 | 原币 | 本位币 |
|---|---|---|---|---|---|
| 人民币 | 应付账款 | 德瑞制造公司 | 贷 | 1,619,100.00 | 1,619,100.00 |
| | | 深圳赛格电子有限公司 | | 376,480.00 | 376,480.00 |
| | | 万合家具城 | | 160,000.00 | 160,000.00 |

表 2-14　科目余额信息 单位：元

| 科目 | | | 期初余额（人民币） | |
|---|---|---|---|---|
| 代码 | 名称 | 方向 | 本位币 | |
| 1001 | 库存现金 | 借 | 20,000.00 | |
| 1002 | 银行存款 | 借 | 6,715,522.82 | |
| 1122 | 应收账款 | 借 | 16,817,750.00 | |
| 1403 | 原材料 | 借 | 1274532.00 | |
| 1405 | 库存商品 | 借 | 6781204.00 | |
| 1601 | 固定资产 | 借 | 15307554.78 | |
| 1801 | 长期待摊费用 | 借 | 240,000.00 | |
| 2202 | 应付账款 | 贷 | 2,155,580.00 | |
| 2211.01 | 工资 | 贷 | 1,618,000.00 | |
| 2221.02 | 未交增值税 | 贷 | 483,849.00 | |
| 2221.04 | 应交所得税 | 贷 | 825,180.00 | |
| 2221.07 | 应交城市维护建设税 | 贷 | 33,869.43 | |
| 2221.11 | 应交教育费附加 | 贷 | 14,515.47 | |
| 2221.12 | 应交地方教育税附加 | 贷 | 677.39 | |
| 2221.13 | 应交个人所得税 | 贷 | 24,892.31 | |
| 4001 | 实收资本 | 贷 | 30,000,000.00 | |
| 4002.01 | 资本（或股本）溢价 | 贷 | 7,500,000.00 | |
| 4101.01 | 法定盈余公积 | 贷 | 3,300,000.00 | |
| 4101.02 | 任意盈余公积 | 贷 | 1,200,000.00 | |

## 🔲 任务内容

切换到深圳智航科技公司进行总账初始化

（1）启用期间设置。

（2）辅助账余额初始化录入。

（3）科目余额初始化录入。

## 🔲 应用指导

### 1. 启用期间设置

切换组织到"深圳智航科技公司"后，依次点击【系统平台】—【系统工具】—【系统配置】—【系统状态控制】选项进入系统状态控制界面。

选择组织名称为"深圳智航科技公司"，设置总账系统的启用期间为"2021 年 1 期"，设置完成后单击【保存】按钮，如图 2-67 所示。

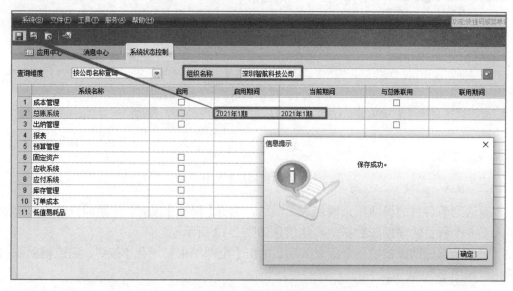

图 2-67　系统状态控制界面

### 2. 辅助账余额初始化录入

登录 EAS 客户端后，依次点击【财务会计】—【总账】—【初始化】—【辅助账科目初始余额录入】选项，打开辅助账初始化界面。

在辅助账初始化界面，选择币别和科目后，按照辅助账期初余额信息（表 2-13）输入辅助账期初余额，以银行存款为例，选择科目为银行存款，因为银行存款设置了银行账户为辅助账，需要选择银行账户为工商银行宝安支行，输入原币金额后，完成第一个辅助账初始化，可选择工具栏的【表格】—【新增行】选项，输入另外一个银行账户的期初余额，如图 2-68、图 2-69 所示。

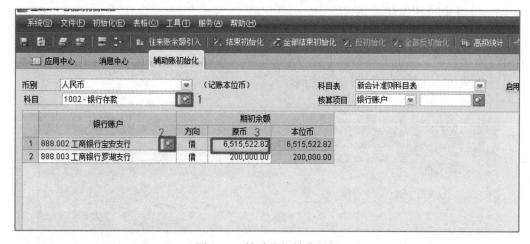

图 2-68　辅助账初始化界面

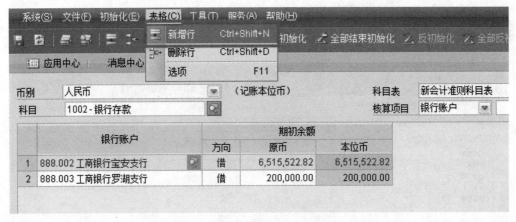

图 2-69　新增辅助账初始化界面

确认当前科目的辅助账余额录入无误后，单击【保存】按钮，按照同样的方法继续录入下一个科目的辅助账数据，具体信息如表 2-12 所示。

完成全部辅助账初始化余额录入后，单击【全部结束初始化】按钮，完成辅助账初始化，如图 2-70 所示。

图 2-70　全部结束初始化界面

### 3. 科目余额初始化录入

依次点击【财务会计】—【总账】—【初始化】—【科目初始余额录入】选项打开科目初始化界面，单击工具栏的【业务】—【引入辅助账余额】选项，将辅助账余额引入科目余额初始化界面，如图 2-71 所示。

图 2-71　科目初始化界面

按照科目余额信息，录入其他非辅助账科目的初始余额，具体信息如表 2-14 所示。

所有科目初始余额录入完毕后，切换币别为综合本位币，单击工具栏的【试算平衡】按钮，提示试算结果平衡即可关闭界面，单击【结束初始化】按钮，完成总账初始化工作，如图 2-72～图 2-74 所示。

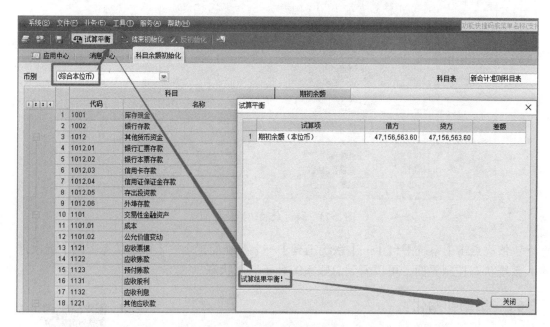

图 2-72　试算平衡结果界面

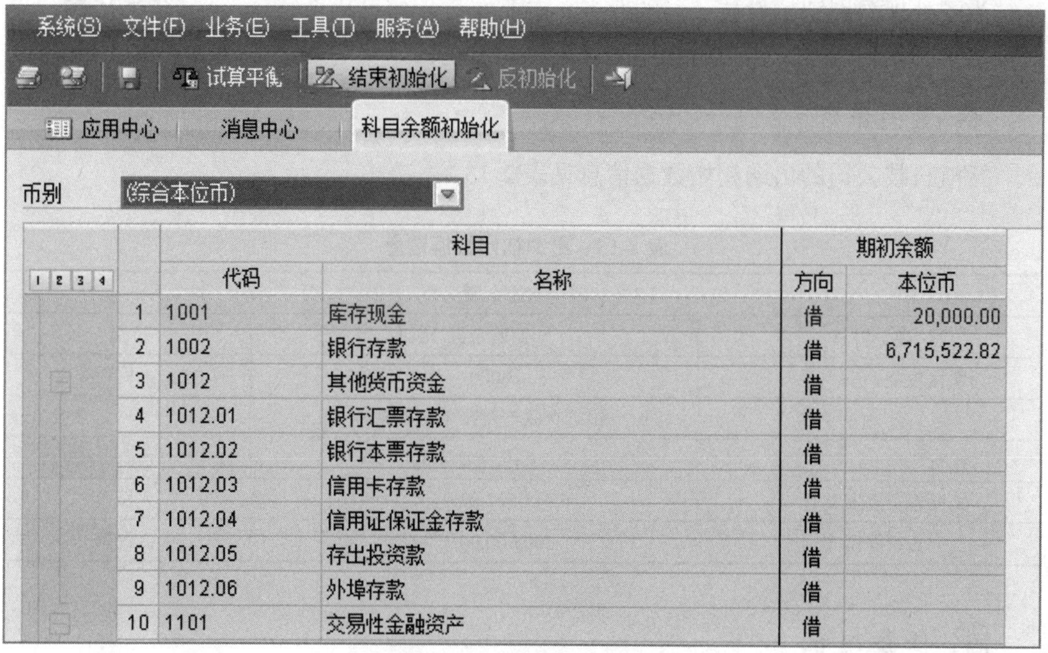

图 2-73　结束初始化界面

图 2-74　科目余额初始化界面

依次点击【系统平台】—【系统工具】—【系统配置】—【系统状态控制】选项进入系统状态控制界面，可以看到总账系统处于启用状态。

### 2.6.2　出纳初始化

**应用场景**

为了处理深圳智航科技公司的业务，需要在会计信息化系统进行出纳初始化设置，包括启用期间设置以及出纳初始化录入。

视频 2.10　出纳初始化

**案例资料**

智航科技公司的出纳初始数据信息见表 2-15。

表 2-15　出纳初始数据信息

| 现金初始余额 | | |
| --- | --- | --- |
| 现金科目 | 初始余额/元 | 币别 |
| 库存现金 | 20000 | 人民币 |
| 银行存款与对账单初始余额 | | |
| 银行账户 | 初始余额/元 | 币别 |
| 工商银行宝安支行 | 6,515,522.82 | 人民币 |
| 工商银行罗湖支行 | 200,000.00 | 人民币 |

**任务内容**

（1）启用期间设置。

（2）出纳初始化录入。

（3）与总账联用。

## 应用指导

### 1. 启用期间设置

登录 EAS 客户端后，依次点击【系统平台】—【系统工具】—【系统配置】—【系统状态控制】选项进入系统状态控制界面，选择组织名称为"深圳智航科技公司"，设置出纳系统的启用期间为"2021 年 1 期"，设置完成后单击【保存】按钮，如图 2-75 所示。

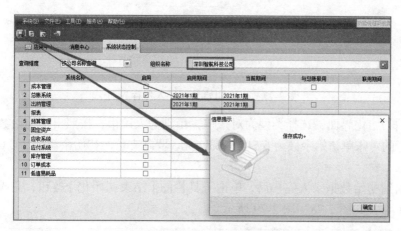

图 2-75　系统状态控制保存界面

### 2. 出纳初始化录入

登录 EAS 客户端后，依次点击【财务会计】—【出纳管理】—【基础设置】—【出纳初始化】选项进入出纳初始化页面。

在出纳初始化界面，选择类型为现金，币别为人民币，单击工具栏的【导入】按钮，选择导入期间为 2021 年 1 期，将总账现金的初始余额导入出纳系统，然后保存，如图 2-76 所示。

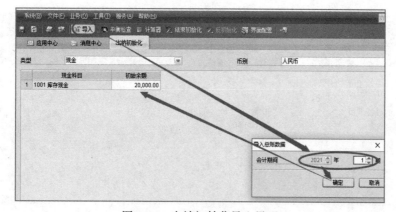

图 2-76　出纳初始化导入界面

在出纳初始化界面，选择类型为银行存款，币别为人民币，单击工具栏的【导入】按钮，选择导入期间为 2021 年 1 期，将总账银行存款的初始余额导入出纳系统，然后保存，如图 2-77 所示。

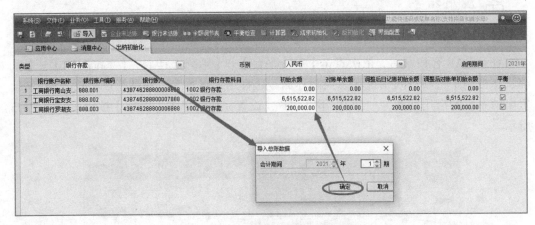

图 2-77　出纳初始余额导入保存界面

在出纳初始化界面，选择类型为对账单，币别为人民币，按照出纳初始数据信息输入宝安支行的对账单初始余额为 6 515 522.82 元，罗湖支行的初始余额为 200 000 元，然后保存。

所有出纳初始数据录入完毕后，单击工具栏的【结束初始化】按钮，完成出纳系统的初始化工作，如图 2-78、图 2-79 所示。

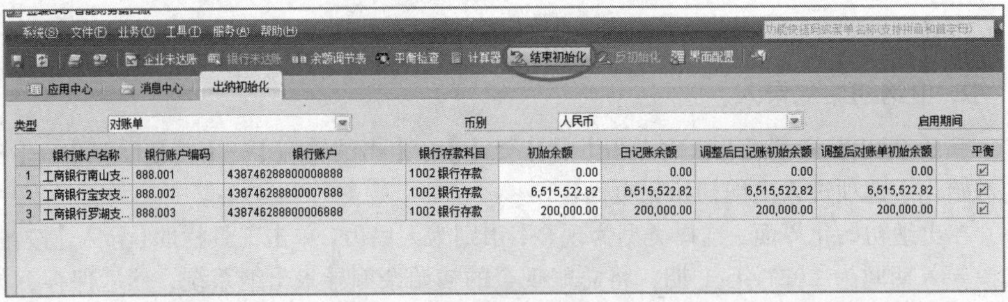

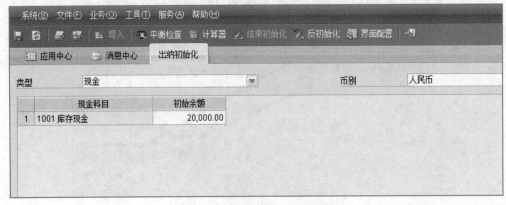

图 2-78　结束出纳初始化界面

图 2-79　查看出纳初始化界面

### 3. 与总账联用

登录 EAS 客户端后，依次点击【系统平台】—【系统工具】—【系统配置】—【系统状态控制】选项进入系统状态控制界面，可以看到出纳系统属于启用状态。

选择组织名称为"深圳智航科技公司"，选择出纳管理后点击工具栏上的【与总账管理】按钮完成与总账的关联，如图 2-80 所示。

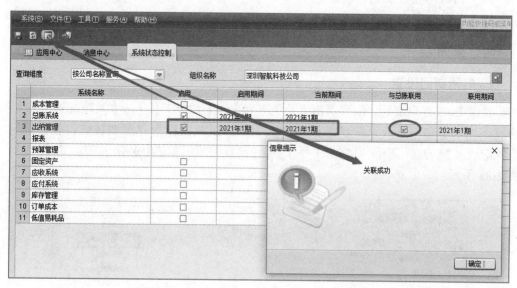

图 2-80　系统状态控制关联成功界面

## 2.6.3　应收初始化

### 应用场景

为了处理深圳智航科技公司的业务，需要在会计信息化系统进行应收初始化设置，包括启用期间设置及期初应收单新增等。

视频 2.11　应收初始化

### 案例资料

（1）对账科目：1122 应收账款 1221.02 其他应收款-往来 1221.03 其他应收款-其他往来。

（2）期初应收单信息如表 2-16 所示。

表 2-16　期初应收单信息

| 单据日期 | 往来户 | 币别 | 物料 | 数量/台 | 税率 | 含税单价/元 | 应收金额合计/元 | 应收科目 | 应收日期 |
|---|---|---|---|---|---|---|---|---|---|
| 2020-12-31 | 朗星公司 | 人民币 | 环境监测无人机 | 50 | 13% | 29 999.00 | 1,499,950.00 | 应收账款 | 2021/3/10 |
| | | | 植保无人机 | 300 | 13% | 48 000.00 | 14,400,000.00 | 应收账款 | |
| 2020-12-31 | 深圳凌度有限公司 | 人民币 | 通用型航拍无人机定制 A 款 | 10 | 13% | 13 800.00 | 138,000.00 | 应收账款 | 2021/5/20 |
| | | | 警用无人机 | 20 | 13% | 38 990.00 | 779,800.00 | 应收账款 | |

实验数据补充说明：表中 2 张期初应收单的单据类型均为销售发票。

## 🔲 任务内容

（1）启用期间设置。

（2）对账科目设置。

（3）期初应收单新增。

（4）初始化应收系统。

（5）与总账联用。

## 🔲 应用指导

### 1. 启用期间设置

登录 EAS 客户端后，依次点击【系统平台】—【系统工具】—【系统配置】—【系统状态控制】选项进入系统状态控制界面，选择组织名称为"深圳智航科技公司"，设置应收系统的启用期间为"2021 年 1 期"，设置完成后单击【保存】按钮，如图 2-81、图 2-82 所示。

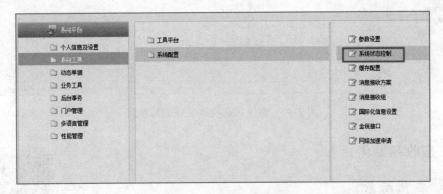

图 2-81　系统平台界面

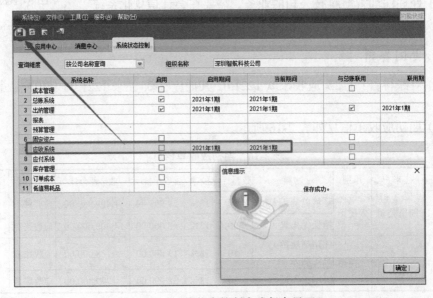

图 2-82　系统状态控制完成保存界面

### 2. 对账科目设置

登录 EAS 客户端后，依次点击【财务会计】—【应收管理】—【初始化】—【对账科目设置】选项打开【对账科目】对话框。

进入【对账科目】对话框后，单击【新增】按钮，增加对账科目，选择会计科目为应收账款（1122）、其他应收款_往来（1221.02）、其他应收款_其他往来（1221.03），设置完成后单击【保存】按钮，完成对账科目设置，如图 2-83 所示。

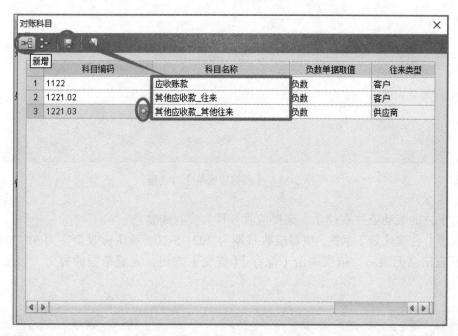

图 2-83 【对账科目】对话框

### 3. 期初应收单新增

登录 EAS 客户端后，依次点击【财务会计】—【应收管理】—【初始化】—【期初应收】选项打开期初应收单序时簿界面，如图 2-84 所示。

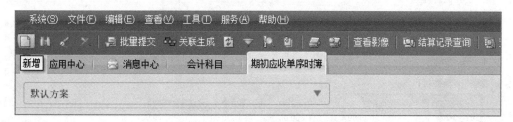

图 2-84 期初应收单序时簿界面

在期初应收单序时簿界面，单击【新增】按钮，打开【期初应收单】对话框，选择单据类型为销售发票，往来户选择深圳凌度有限公司，单据日期和业务日期均为2020-12-31，在【明细】标签，选择物料为警用无人机和通用型航拍无人机定制 A 款，警用无人机数量为 20 台，税率为 13%，含税单价为 38 990 元，通用型航拍无人机定制

A 款数量为 10 台，税率为 13%，含税单价为 13 800 元，如图 2-85 所示。

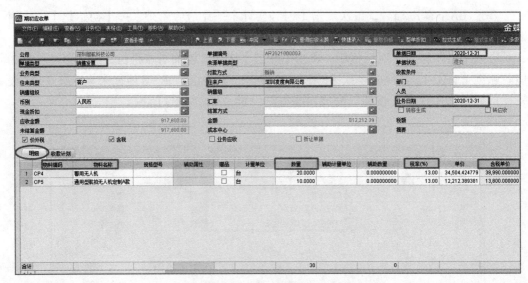

图 2-85 【期初应收单】对话框

将下方的滚动条往右拉动，选择应收科目为应收账款。

选择【收款计划】标签，填写应收日期为 2021-5-20，确认应收金额为 917 800 元，确认所有信息无误后，依次单击【保存】【提交】按钮，完成单据的提交，如图 2-86 所示。

| 文件(F) 编辑(E) 查看(V) 业务(U) 表格(B) 工具(T) 服务(A) 帮助(H) | | | | | | | |
|---|---|---|---|---|---|---|---|
| 公司 | 深圳智航科技公司 | | 单据编号 | AR2021000003 | | | |
| 单据类型 | 销售发票 | | 来源单据类型 | | | | |
| 业务类型 | | | 付款方式 | 赊销 | | | |
| 往来类型 | 客户 | | 往来户 | 深圳凌度有限公司 | | | |
| 销售组织 | | | 销售组 | | | | |
| 币别 | 人民币 | | 汇率 | | | | |
| 现金折扣 | | | 结算方式 | | | | |
| 应收金额 | 917,800.00 | | 金额 | | | | |
| 未结算金额 | 917,800.00 | | 成本中心 | | | | |
| ☑ 价外税 | | ☑ 含税 | | □ 业务应收 | | | □ 折让 |

| | 应收日期 | 应收金额 | 应收本位币金额 | 已结算金额 | 已结算金额本位… | 备注 |
|---|---|---|---|---|---|---|
| 1 | 2021-5-20 | 917,800.00 | 917,800.00 | 0.00 | 0.00 | |

图 2-86 【收款计划】标签

另一个期初应收单也是按照相同的方式录入后进行提交即可，具体信息如表 2-16 所示。

朗星公司的期初应收单录入完成后如图 2-87、图 2-88 所示。

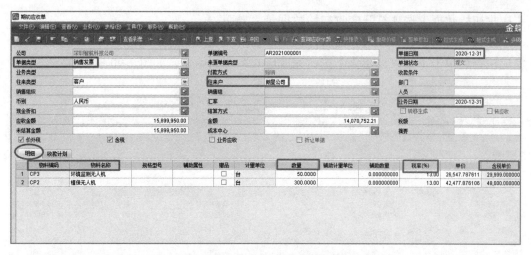

图 2-87　朗星公司期初应收单明细录入界面

| 公司 | 深圳智航科技公司 | | 单据编号 | AR2021000001 |
|---|---|---|---|---|
| 单据类型 | 销售发票 | | 来源单据类型 | |
| 业务类型 | | | 付款方式 | 赊销 |
| 往来类型 | 客户 | | 往来户 | 朗星公司 |
| 销售组织 | | | 销售组 | |
| 币别 | 人民币 | | 汇率 | |
| 现金折扣 | | | 结算方式 | |
| 应收金额 | 15,899,950.00 | | 金额 | |
| 未结算金额 | 15,899,950.00 | | 成本中心 | |
| ☑价外税 | ☑含税 | | □业务应收 | □折让单据 |

| | 明细 | 收款计划 | | | |
|---|---|---|---|---|---|
| | 应收日期 | 应收金额 | 应收本位币金额 | 已结算金额 | 已结算金额本位… | 备注 |
| 1 | 2021-01-01 | 15,899,950.00 | 15,899,950.00 | 0.00 | 0.00 | |

图 2-88　朗星公司期初应收单收款计划界面

返回期初应收单序时簿，选择默认方案，可以看到两张期初应收单的单据状态为提交，如图 2-89 所示。

| | 公司 | 单据编号 | 单据状态 | 单据日期 | 业务日期 | 单据类型 | 业务类型 | 来源单据类型 | 往来类型 | 往来户编码 | 往来户名称 | 币别 |
|---|---|---|---|---|---|---|---|---|---|---|---|---|
| 1 2 | 深圳智航科技公… | AR2021000003 | 提交 | 2020-12-31 | 2020-12-31 | 销售发票 | | | 客户 | 04 | 深圳麦度有限公司 | 人民币 |
| 3 4 | 深圳智航科技公… | AR2021000001 | 提交 | 2020-12-31 | 2020-12-31 | 销售发票 | | | 客户 | 03 | 朗星公司 | 人民币 |

图 2-89　期初应收单序时簿默认方案界面

## 4. 初始化应收系统

完成全部期初应收单录入后，依次点击【财务会计】—【应收管理】—【初始化】—

【应收初始数据】选项打开应收初始数据录入界面。

进入应收初始数据录入界面后，检查期初余额确保和总账期初应收账款数据一致，完成检查后单击【结束初始化】按钮完成应收系统初始化，如图 2-90 所示。

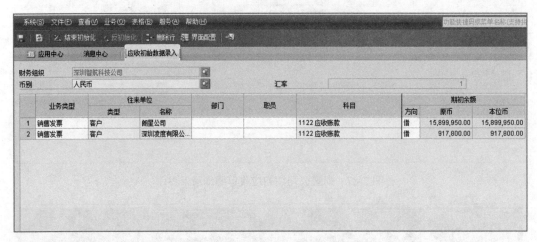

图 2-90　应收初始数据录入界面

### 5. 与总账联用

登录 EAS 客户端后，选择【系统平台】—【系统工具】—【系统配置】—【系统状态控制】选项进入系统状态控制界面，可以看到应收系统属于启用状态，如图 2-91 所示。

| | 系统名称 | 启用 | 启用期间 | 当前期间 |
|---|---|---|---|---|
| 1 | 成本管理 | ☐ | | |
| 2 | 总账系统 | ☑ | 2021年1期 | 2021年1期 |
| 3 | 出纳管理 | ☑ | 2021年1期 | 2021年1期 |
| 4 | 报表 | | | |
| 5 | 预算管理 | | | |
| 6 | 固定资产 | ☐ | | |
| 7 | 应收系统 | ☑ | 2021年1期 | 2021年1期 |
| 8 | 应付系统 | ☐ | | |
| 9 | 库存管理 | ☐ | | |
| 10 | 订单成本 | ☐ | | |
| 11 | 低值易耗品 | ☐ | | |

查询维度　按公司名称查询　　组织名称　深圳智航科技公司

图 2-91　系统状态控制界面

选择组织名称为"深圳智航科技公司"，选择应收系统后单击工具栏上的【与总账管理】按钮完成与总账的关联，如图 2-92 所示。

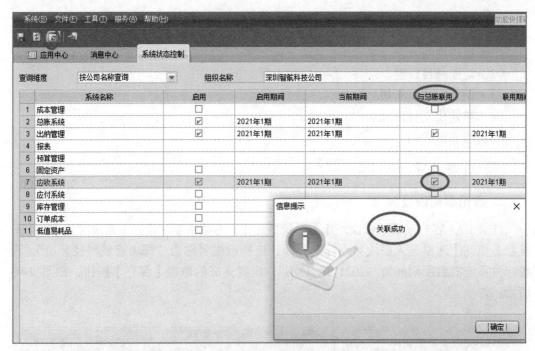

图 2-92　系统状态控制关联成功界面

## 2.6.4　应付初始化

### 应用场景

为了处理深圳智航科技公司的业务，需要在会计信息化系统进行应付初始化设置，包括启用期间设置及期初应付单新增等。

视频 2.12　应付初始化

### 案例资料

1. 对账科目：2202 应付账款、2241.02 其他应付款-往来。
2. 期初应付单信息如表 2-17 所示。

表 2-17　期初应付单信息

| 单据日期 | 往来户 | 币别 | 物料/费用项目名称 | 数量 | 税率 | 含税单价/元 | 应付金额/元 | 应付科目 | 应付日期 |
|---|---|---|---|---|---|---|---|---|---|
| 2020-12-31 | 德瑞制造公司 | 人民币 | 分电板 | 200 件 | 13% | 3046.00 | 609200.00 | 应付账款 | 2021/3/11 |
| | | | 飞控系统 | 100 件 | 13% | 10099.00 | 1009900.00 | 应付账款 | |
| 2020-12-31 | 深圳赛格电子有限公司 | 人民币 | 普通电机 | 100 个 | 13% | 1289.00 | 128900.00 | 应付账款 | 2021/3/26 |
| | | | 固定机翼 | 200 件 | 13% | 842.90 | 168580.00 | 应付账款 | |
| | | | 负荷开关 | 1,000 个 | 13% | 79.00 | 79,000.00 | 应付账款 | |
| 2020-12-31 | 万合家具城 | 人民币 | 办公座椅 | 200 个 | 13% | 800.00 | 160000 | 应付账款 | 2021/3/10 |

实验数据补充说明：表中 3 张期初应付单的单据类型均为采购发票。

## 任务内容

（1）启用期间设置。

（2）对账科目设置。

（3）期初应付单新增。

（4）初始化应付系统。

（5）与总账联用。

## 应用指导

### 1. 启用期间设置

登录 EAS 客户端后，依次点击【系统平台】—【系统工具】—【系统配置】—【系统状态控制】选项进入系统状态控制界面，选择组织名称为"深圳智航科技公司"，设置应付系统的启用期间为"2021 年 1 期"，设置完成后单击【保存】按钮，如图 2-93 所示。

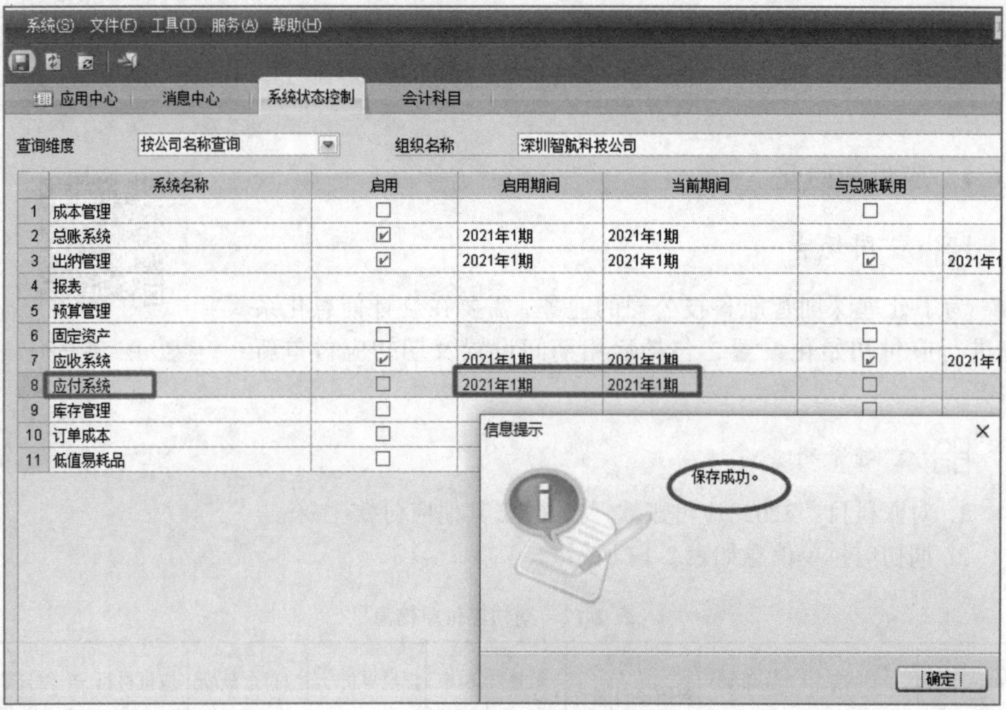

图 2-93　应付系统启用完成界面

### 2. 对账科目设置

登录 EAS 客户端后，选择【财务会计】—【应付管理】—【初始化】—【对账科目设置】选项打开【对账科目】对话框，点击【新增】按钮，选择对账科目为应付账款（2202）、其他应付款-往来（2241.02），设置完成后单击【保存】按钮，完成对账科目设置，如图 2-94 所示。

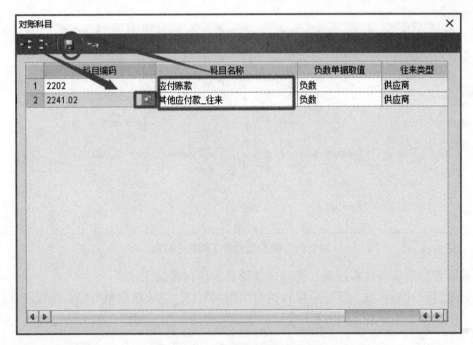

图 2-94　【对账科目】对话框 2

### 3. 期初应付单新增

登录 EAS 客户端后，依次点击【财务会计】—【应付管理】—【初始化】—【期初应付单】选项打开期初应付单序时簿界面，点击【新增】按钮，打开期初应付单对话框，如图 2-95 所示。

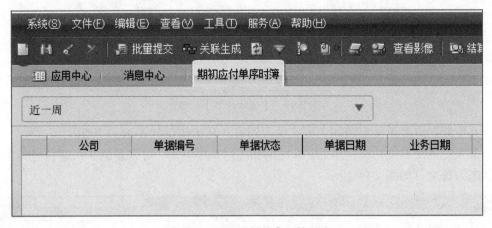

图 2-95　期初应付单序时簿界面

选择单据类型为采购发票，往来户选择德瑞制造公司，单据日期和业务日期均为 2020-12-31，在【明细】标签，选择物料为分电板和飞控系统，分电板数量为 200 件，税率为 13%，含税单价为 3 046 元，通飞控系统数量为 100 件，税率为 13%，含税单价为 10 099 元，如图 2-96 所示。

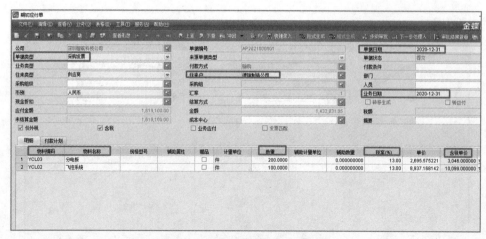

图 2-96    期初应付单【明细】标签

将下方的滚动条往右拉动，选择应付科目为应付账款。

切换付款计划页签，填写应付日期为 2020-03-11，完成单据填写后，确认所有信息无误，依次单击【保存】【提交】按钮，完成单据的提交，如图 2-97 所示。

| 公司 | 深圳智航科技公司 | | 单据编号 | |
|---|---|---|---|---|
| 单据类型 | 采购发票 | | 来源单据类型 | |
| 业务类型 | | | 付款方式 | |
| 往来类型 | 供应商 | | 往来户 | |
| 采购组织 | | | 采购组 | |
| 币别 | 人民币 | | 汇率 | |
| 现金折扣 | | | 结算方式 | |
| 应付金额 | | 1,619,100.00 | 金额 | |
| 未结算金额 | | 1,619,100.00 | 成本中心 | |
| ☑价外税 | | ☑含税 | ☐业务应付 | |

| | 明细 | 付款计划 | | | |
|---|---|---|---|---|---|
| | 应付日期 | 应付金额 | 应付本位币金额 | 已结算金额 | 已结算金额本位… |
| 1 | 2020-03-11 | 1,619,100.00 | 1,619,100.00 | 0.00 | 0.00 |

图 2-97    【付款计划】标签

其他期初应付单按照相同的方式录入即可，具体信息如表 2-17 所示。

录入完成所有期初应付单后，返回期初应付单序时簿，可以看到 3 张期初应付单单据状态为提交，如图 2-98 所示。

| | 公司 | 单据编号 | 单据状态 | 单据日期 | 业务日期 | 单据类型 | 来源单据类型 | 往来类型 | 往来户编码 | 往来户名称 | 币别 |
|---|---|---|---|---|---|---|---|---|---|---|---|
| 1 | 深圳智航科技公… | AP2021000003 | 提交 | 2020-12-31 | 2020-12-31 | 采购发票 | | 供应商 | 05 | 万合家具城 | 人民币 |
| 2 | | | | | | | | | | | |
| 3 | 深圳智航科技公… | AP2021000002 | 提交 | 2020-12-31 | 2020-12-31 | 采购发票 | | 供应商 | 02 | 深圳赛格电子有… | 人民币 |
| 4 | | | | | | | | | | | |
| 5 | 深圳智航科技公… | AP2021000001 | 提交 | 2020-12-31 | 2020-12-31 | 采购发票 | | 供应商 | 01 | 德瑞制造公司 | 人民币 |
| 6 | | | | | | | | | | | |

图 2-98    期初应付单序时簿界面

#### 4. 初始化应付系统

完成全部期初应付单录入后，依次点击【财务会计】—【应付管理】—【初始化】—【应付初始数据】选项打开应付初始数据录入，检查期初余额确保和总账期初应付账款数据一致，完成检查后单击【结束初始化】按钮完成应付系统初始化，如图 2-99、图 2-100 所示。

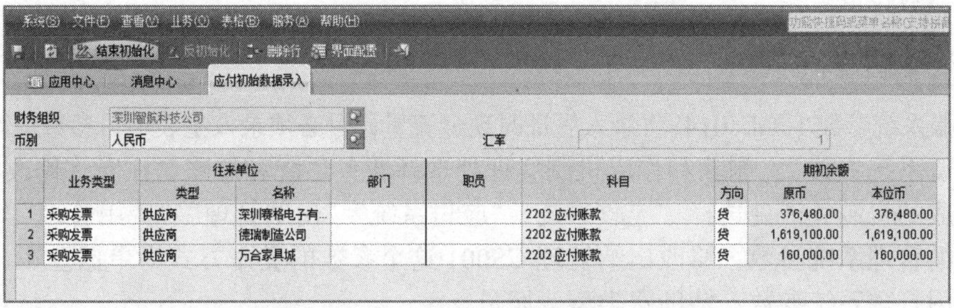

图 2-99　应付初始数据录入界面

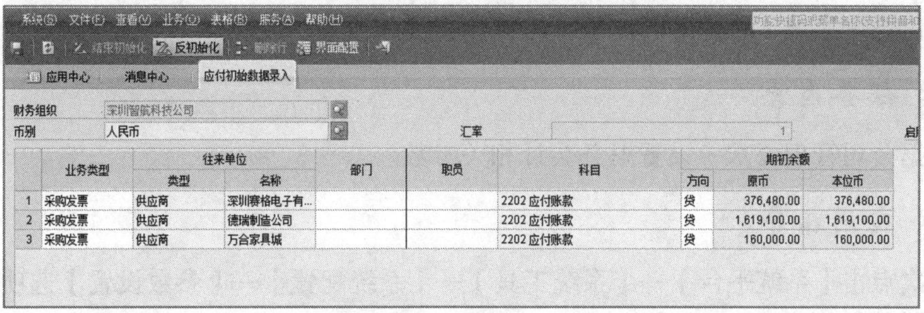

图 2-100　完成应付系统初始化界面

#### 5. 与总账联用

登录 EAS 客户端后，依次点击【系统平台】—【系统工具】—【系统配置】—【系统状态控制】选项进入系统状态控制界面，选择组织名称为"深圳智航科技公司"，选择应付系统后单击工具栏上的【与总账管理】按钮完成与总账的关联，如图 2-101 所示。

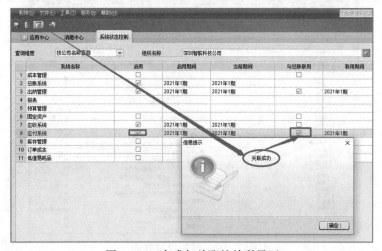

图 2-101　完成与总账的关联界面

### 2.6.5 参数设置

**应用场景**

为了处理深圳智航科技公司的业务,需要在会计信息化系统进行财务会计的参数设置,包括总账系统参数及出纳、费用管理等系统参数设置。

视频 2.13 参数设置

**案例资料**

总账系统参数 1:GL_014:将录入凭证时现金流量科目必须录入主表项目参数值改为否。

总账系统参数 2:删除和作废机制凭证处选择业务系统和总账,在允许修改业务系统和生成的机制凭证处选择“应收系统”“应付系统”“出纳管理”“费用管理”。

出纳管理系统参数:修改出纳管理 CS001 这个参数的登账方式为单据登账。

费用管理系统参数:辅助账类型为职员。

应收系统参数:将赊销收款凭证来源单据类型改为收款单。

应付系统参数:将赊购付款凭证来源单据类型改为付款单。

**任务内容**

根据公司管理要求,设置财务会计相关参数。

**应用指导**

依次点击【系统平台】—【系统工具】—【系统配置】—【参数设置】选项,进入参数设置的界面。

在参数设置界面左边选择对应的系统进行设置参数,选择【财务会计】—【总账】选项,在【参数列表】标签,选中 GL_014 后单击【修改】按钮,然后单击【控制范围】按钮,勾选【控制】复选框,参数值选择为否,然后单击【保存】按钮,在【设置参数值】对话框单击【确定】按钮,如图 2-102～图 2-104 所示。

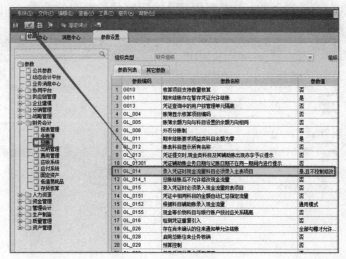

图 2-102 参数设置界面

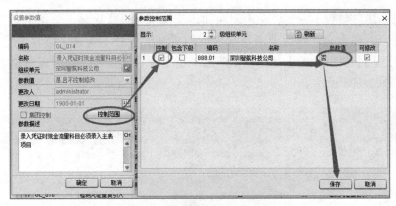

图 2-103　【参数控制范围】对话框

图 2-104　【设置参数值】对话框

返回财务会计下的总账，可以看到 GL_014 参数值为否，代表成功设置该参数，如图 2-105 所示。

图 2-105　检验设置参数成功界面

切换到【其它参数】标签，在【删除和作废机制凭证】区域，单击【业务系统和总账】单选按钮，在【允许修改业务系统生成的机制凭证处】勾选【应收系统】【应付系统】【出纳管理】【费用管理】复选框，然后单击【保存】按钮，即可保存总账部分的参数设置，如图 2-106 所示。

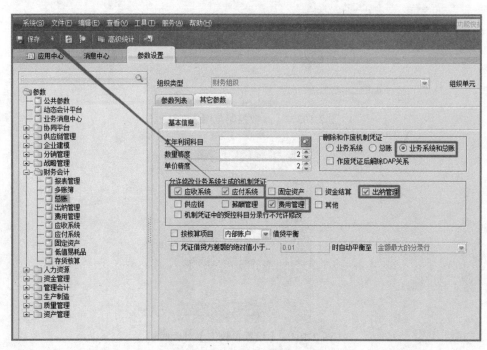

图 2-106　【其它参数】标签

依旧在参数设置界面，选择【财务会计】—【出纳管理】，在【参数列表】标签，选中 CS001 后修改，然后单击控制范围按钮，勾选【控制】复选框，参数值选择为单据登账，然后单击【保存】按钮，在【设置参数值】对话框单击【确定】，如图 2-107 所示。

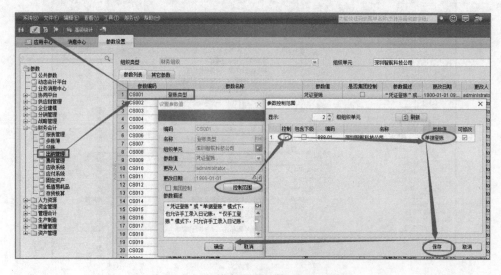

图 2-107　设置参数控制范围界面

返回财务会计下的出纳管理，可以看到 CS001 参数值为单据登账，代表成功设置该参数，如图 2-108 所示。

图 2-108　检验登账类型设置界面

依旧在参数设置界面，选择【财务会计】—【费用管理】选项，在【其它参数】标签，选择备用金辅助账类型为职员后单击【保存】按钮，如图 2-109 所示。

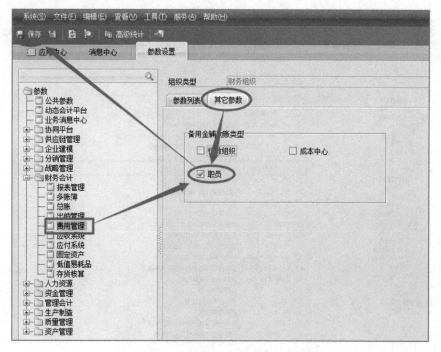

图 2-109　选择备用金辅助账类型界面

在参数设置界面，选择【财务会计】—【应收系统】选项，在【参数列表】标签选择"赊销收款凭证来源单据类型"后修改，然后单击【控制范围】按钮，勾选【控制】复选框，参数值选择为收款单，然后单击【保存】按钮，在【设置参数值】对话框单击【确定】按钮，如图 2-110 所示。

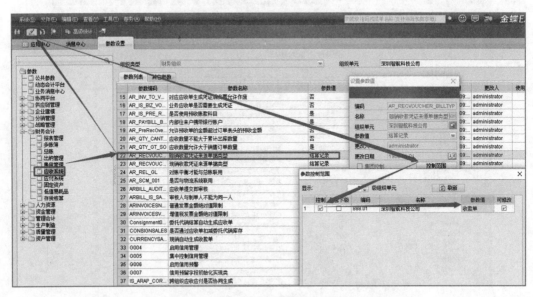

图 2-110　赊销收款凭证来源单据类型修改界面

返回财务会计下的应收系统，可以看到参数名称为"赊销收款凭证来源单据类型"的参数值为收款单，代表成功设置该参数，如图 2-111 所示。

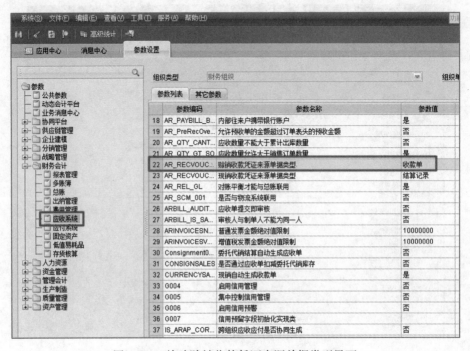

图 2-111　检验赊销收款凭证来源单据类型界面

在参数设置页面，选择【财务会计】—【应付系统】选项，在【参数列表】标签选择 "赊购付款凭证来源单据类型"后修改，然后单击【控制范围】按钮，勾选【控制】复选框，参数值选择为付款单，然后单击【保存】按钮，在【设置参数值】对话框单击【确定】按钮，如图 2-112 所示。

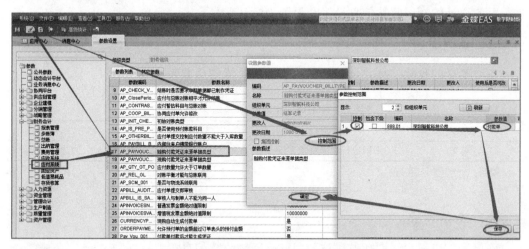

图 2-112　参数值选择为付款单勾选界面

返回财务会计下的应付系统，可以看到参数名称为 "赊购付款凭证来源单据类型"的参数值为付款单，代表成功设置该参数，如图 2-113 所示。

图 2-113　检验赊购付款凭证来源单据类型设置界面

### 2.6.6 新增收款信息

视频 2.14　新增收款信息

**应用场景**

为了处理深圳智航科技公司的业务,需要在会计信息化系统进行财务会计的新增收款信息设置并设置为默认账号。

**案例资料**

新增秦义的收款信息并设置为默认账号, 具体信息如表 2-18 所示。

表 2-18　个人收款信息表

| 收款人 | 收款银行 | 收款账号 | 默认账号 |
| --- | --- | --- | --- |
| 秦义 | 中国银行深圳罗湖支行 | 666555888009*** | 勾选 |

说明:***为学号后三位。

**任务内容**

确保当前组织为深圳智航科技公司进行新增收款信息

**应用指导**

选择【系统】—【重新登录】选项,切换至用户操作界面进行收款信息新增,选择教师规定的数据中心,输入用户名,无密码,单击【登录】按钮,进入 EAS 系统。

依次点击【财务会计】—【费用管理】—【基础设置】—【收款信息】选项,进入收款信息查询界面。

进入收款信息查询界面后,单击工具栏的【新增】按钮,输入收款人为秦义,收款银行为中国银行深圳罗湖支行,收款账号为"666555888009***",勾选【默认账号】复选框,然后单击【保存】按钮,如图 2-114 所示。

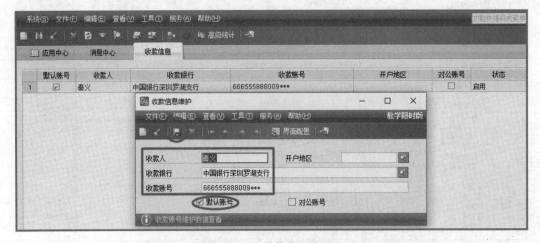

图 2-114　收款信息查询界面

## 拓展挑战

（1）尝试用一个新账号创建一个新的管理单元。

（2）新增一个管理会计职位体系，行政组织是财务部，上级职位是财务经理，员工姓名李小明，工号为"学号.08"。

（3）新建中国工商银行（松岗支行），编码为"学号.004"，银行账号为"438746288800005\*\*\*"（说明：\*\*\*为学号后三位），开户单位为深圳智航科技公司，金融机构为工商银行，币别为人民币，科目为银行存款，用途为活期，收支属性为收支户。

## 复习思考

（1）如何新建管理单元并使之生效？

（2）信息系统搭建时应注意哪些问题？

# 第 3 章

# 往来业务智能处理

【学习目的与要求】

　　通过本章学习，要求学生了解往来业务智能处理的定义、特点、应用场景等，掌握数据挖掘、数据分析等相关技术和工具；把握往来业务各参与方的业务特征，明白实际往来业务的复杂性和多变性；能够通过智能财务平台完成往来业务的系统操作；理解信息安全的重要性，掌握信息安全管理的基本原则、方法和工具；具备责任担当意识，能够积极参与信息安全保护工作，做到主动防范、及时发现和处理信息安全问题。

## 3.1　往来业务实务认知

　　企业往来业务指的是企业与其他企业或机构之间的经济活动。这些活动包括采购、销售、货款结算、资金调度、信息沟通等方面的交易和合作，企业往来业务通常涉及大量的商业合同、订单、发票、付款和收款等商业文书和财务文件的处理和管理，其中最重要的是应收业务和应付业务。

　　企业往来业务是企业经营的重要组成部分，对于企业的经营状况、财务状况和市场地位都有着重要的影响。因此，企业需要建立完善的往来业务管理体系，加强与客户、供应商、金融机构等往来企业的合作与沟通，提高企业的服务质量、效率和竞争力。

　　随着信用经济的建立和法律法规的健全，大量的企业往来业务以赊销、赊购方式进行，进而产生了应收应付制（也称权责发生制），伴随着应收应付制的普及，应收业务和应付业务也成为企业往来业务中的两个最重要的方面。

　　应收业务的直接表现是应收账款（accounts receivable），指公司所销售商品或提供服务的客户尚未付款而形成的债权，是公司在业务活动中产生的未来现金流入的一种权利，也是一项流动资产，因为它们通常情况下会在规定的付款周期内转变为现金，应收账款记录在资产负债表中资产—流动资产科目下。

　　在信用经济的前提下，当公司将商品或服务提供给客户后，客户并不会即刻付款，而是先行享有公司所提供的商品或服务，这时应收账款便产生了。当然，实际业务中的环节要复杂得多，公司将商品或服务提供给客户前，会与客户约定好付款的周期和方式（通常会体现在商业合同上），同时企业会开出发票并提供给客户。一般来说，发票与所签订合同是相符的，客户需要按照所约定的付款期限和付款金额付款，在接收到客户的付款后，企业便可核销应收账款。但在收到付款之前，公司将这些未收到的款项记录在应收账款中。这些账款所涉及文件通常包括发票、销售单据、收据等。

应收业务通常是公司资产的重要组成部分，因为它代表了公司未来可能获得的现金流，包括未收到的货款、未结算的赊销款、未到期的预收款等。应收业务的管理主要包括发票管理、应收账款跟踪和催收管理等。然而，应收业务也存在着风险，如客户无法或延迟支付款项，或出现无法收回的坏账损失等。因此，公司需要有效地管理应收业务，包括建立合理的信贷政策、及时跟踪客户的还款情况、定期进行账龄分析等。

与应收业务相反，应付业务的直接表现是应付账款（accounts payable），是企业向供应商购买商品或接受服务后，在规定的付款周期内，向供应商付款的业务。应付账款是企业的一项短期负债，是公司业务活动中需要在未来支付的一项义务，会造成现金（或现金等价物）的流出，也是一项流动负债，应付账款记录在资产负债表中负债——流动负债科目下。

企业在采购商品或接受服务前，通常会签订采购合同或订单，并要求供应商提供货物或服务后支付相应的款项。在供应商提供商品或服务后，通常会向购买方企业开具发票，购买方企业通常按照发票及所签采购合同支付款项。应付款项包括未付的货款、未结算的赊购款、未到期的预付款等。应付业务的管理主要包括采购管理、供应商管理、应付账款管理等。

应收业务和应付业务是企业运营中非常重要的财务活动，在现代企业经营中，应收、应付业务通常在企业业务中占比非常大，直接影响企业的资金流动和经营状况。企业需要对应收款项和应付款项进行及时的跟踪和管理，以确保资金的安全、减少风险并提高企业的经营效率和利润。

需要注意的是，应收账款和应付账款都可能会对公司的现金流量产生影响。如果公司的客户没有按时付款，公司的现金流量就可能会受到影响。同样地，如果公司未能按时支付应付账款，可能会受到供应商的追讨或财务罚款等影响。因此，管理应收账款和应付账款是公司财务管理中的重要一环。

## 3.2　应收业务智能处理

### 3.2.1　销售产品应收业务信息化处理

**应用场景**

为了处理深圳智航科技公司与哈博森股份有限公司有关于销售合同的业务，需要在系统完成应收单的维护与审核。

视频 3.1　应收业务信息化处理

**案例资料**

2021 年 1 月 4 日深圳智航科技公司和哈博森股份有限公司签订销售合同，销售通用型航拍无人机 10 台，合同约定本月 26 日客户付款，当天发货并开具销售发票，由往来会计周雯鑫填写应收单，财务经理邓永彬审核。图 3-1 所示为与哈博森公司销售合同，图 3-2 所示为与哈博森公司增值税专用发票。

# 销售合同

合同编号：XSHT202101001

购货单位（甲方）：哈博森股份有限公司
供货单位（乙方）：深圳智航科技公司

本合同由甲、乙双方共同协商，并根据以下各项条款达成一致而签订。
一、产品名称、单位、数量、单价、金额等：

| 序号 | 产品名称 | 单位 | 数量 | 单价 | 金额 |
|---|---|---|---|---|---|
| 1 | 通用型航拍无人机 | 台 | 10 | 4520 | 45200 |
| | | | | | |
| | | | | | |

合计（大写）人民币：肆仟伍佰贰拾圆整　　　　（小写）¥45200

说明：以上单价为含税 单价，税率为 13% 。

二、本合同于 2021 年 1 月 4 日签订。
三、交货确认
乙方于 2021 年 1 月 4 日之前交货，甲方于收到货物后一周内完成验收。
四、付款方式
1、合同付款货币为 人民币 ，总金额为 45200 ：
2、甲方按以下条款支付货款：

| 序号 | 付款时间 | 付款方式 | 付款金额 | 备注 |
|---|---|---|---|---|
| 1 | 2021-1-26 | 电汇 | 45200 | 提供银行回单 |
| | | | | |
| | | | | |

五、本合同一式两份，甲、乙双方各执一份，合同签字盖章后生效。

购货方（盖章）　　　　　　　　　供货方（盖章）
公司代表：王博森　　　　　　　　公司代表：深圳智航科技公司
公司地址：长沙市高新区福龙路2798号　公司地址：广东省深圳市益田路706号
开户银行：宁波银行长沙分行　　　　开户银行：中国工商银行罗湖支行
开户账号：3992329492020394　　　开户账号：438746288800006
日期：2021年01月04日　　　　　日期：2021年01月04日

图 3-1　与哈博森股份有限公司的销售合同

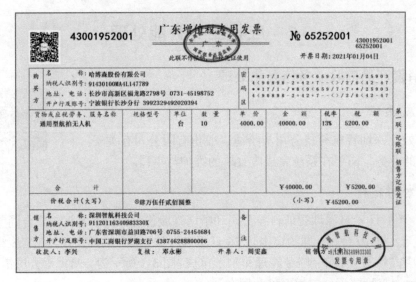

图 3-2　与哈博森股份有限公司的增值税专用发票

## 🔲 任务内容

（1）应收单维护、提交。

（2）应收单审核。

## 🔲 应用指导

### 1. 应收单维护、提交

登录财务机器人规划平台，输入用户和密码后，依次点击【学生应用】—【财务业务】选项，查看题干资源后，单击【登录 EAS】按钮，进入 EAS 登录界面，如图 3-3 所示。

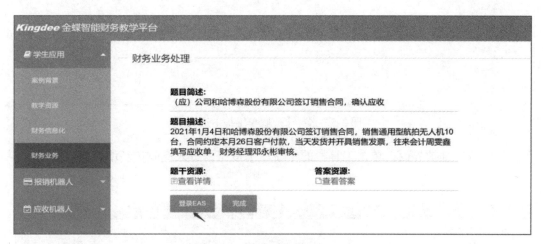

图 3-3　登录财务业务

在 EAS 登录界面，选择教师规定的数据中心，用户名为"zwx 学号"，无密码，单击【登录】按钮，进入 EAS 操作界面，如图 3-4 所示。

图 3-4　登录 EAS

单击右上角工具栏的【应用】按钮后，依次点击【财务会计】—【应收管理】—【应收业务处理】—【应收单维护】选项，进入应收单维护界面，如图 3-5 所示。

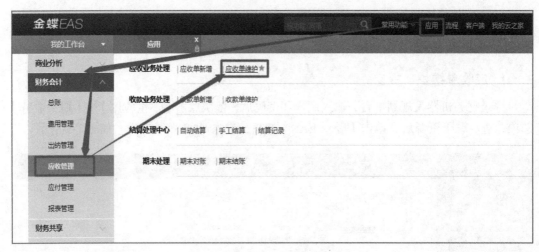

图 3-5　选择【应收单维护】选项

在应收单维护界面，单击工具栏的【新增】按钮，进入应收单新增界面，如图 3-6 所示。

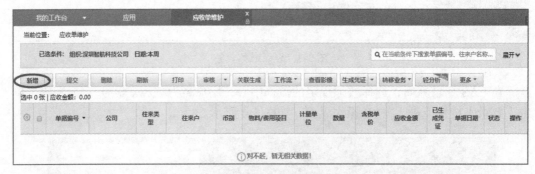

图 3-6　应收单新增

按照实验数据录入应收单，确认单据类型为销售发票，单据日期修改为 2021-01-04，往来用户为哈博森股份有限公司，在【明细】标签选择物料为通用型航拍无人机，输入数量为 10 台，含税单价为 4 520 元，税率为 13%，应收科目为应收账款，对方科目为主营业务收入，在【收款计划】标签修改应收日期为 2021-01-26，确认应收金额为 45 200 元，确认所有信息无误后，保存后进行提交，提交至工作流，由财务经理邓永彬审核，如图 3-7、图 3-8 所示。

### 2. 应收单审核

应收单提交成功后，单击网页版的 EAS 的【安全退出】按钮，选择教师规定的数据中心，输入用户名"dyb 学号"，无密码，然后单击【登录】按钮，进入 EAS 系统操作界面，如图 3-9 所示。

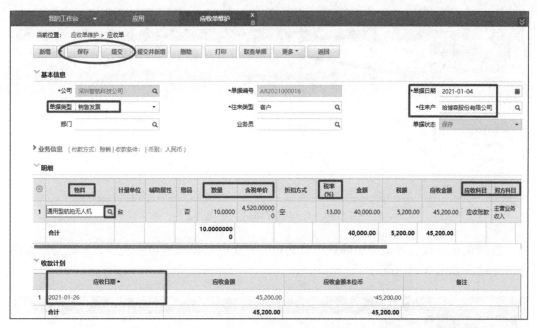

图 3-7　应收单录入

图 3-8　应收单提交

图 3-9　应收业务系统退出

　　单击右上角工具栏的【流程】按钮，勾选刚才提交的应收单，单击【处理】按钮，进入审批单据界面，如图 3-10 所示。

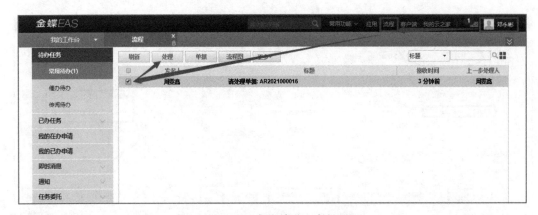

图 3-10　处理应收单进入审批界面

根据企业应收管理规范，确认审批通过，提交应收单完成审批流程，审批完成后则业务完结，如图 3-11 所示。

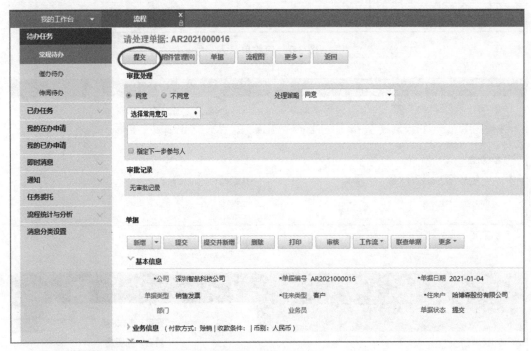

图 3-11　审核应收单

返回应收单维护界面，筛选日期范围为 2021-01-01—2021-01-31，可以看到状态为审核的应收单。

**注意：** 在进行应收单录入时单据类型应该选"销售发票"。

### 拓展挑战

2021 年 1 月 6 日，深圳智航科技公司与亿森和股份有限公司签订销售合同，销售通用型航拍无人机 20 台，每台含税单价为 4 520 元，税率为 13%，合同约定本月 25 日客户付款，当天发货并开具销售发票，由往来会计周雯鑫填写应收单，财务经理邓永彬审核。请针对该笔业务进行应收单的维护和审核。

📖 **复习思考**

（1）如何录入应收单？

（2）进行应收单审核时是否需要切换账号？

## 3.2.2　应收业务智能规划设置

🔲🔲 **应用场景**

应收单是用来确认债权的单据，系统采用应收单来统计应收的发生，往来会计周文鑫每月都要花费比较多的时间根据业务提供的销售合同、发票、退货单等原始票据到系统中做应收单，该工作属于高重复低价值的财务工作，周雯鑫希望通过智能财务的规划设置将该部分高重复的工作交由智能财务机器人来完成。

视频 3.2　应收业务智能规划设置

🔲🔲 **案例资料**

基于销售产品应收业务信息化处理中积累的经验，根据销售合同填写与审核应收单据相关的智能规划设计方案，并进行运行校验。

🔲🔲 **任务内容**

（1）应收单填制要素分析。

（2）进入智能财务规划教学平台设置应收单自动填写规划。

（3）应收单审核要素分析。

（4）进入智能财务规划教学平台设置收款单审核规划。

🔲🔲 **应用指导**

### 1. 应收单填制要素分析

进行智能规划完成企业需要场景的自动运行，首先需要详细了解该场景在人工操作中的整体流程和注意事项，再根据以上信息设计适用于企业自身的智能规划方案。一般情况下，我们需要总结的细节包括业务发生的根据是什么、发生业务的处理人是谁、发生时人工处理流程节点和规律有哪些、每个处理节点注意事项是什么、业务处理完成后形成的成果是什么、业务成果与原始单据（即业务发生的根据）之间的信息对应关系是什么等。

根据人工处置应收单填制场景，我们来尝试总结以下几个问题。

（1）在以上业务场景下，本企业应收单是根据什么单据来填写的？

（2）应收单录入的执行人是谁？

（3）在现有的信息化系统中，应收单填写的流程是什么？

（4）在填写过程中，应收单信息与原始单据信息的对应关系是什么？

（5）在现有的信息化的系统中，应收单录入项目是否有特殊要求？

将以上问题总结后，我们可以以表格方式进行每个项目的问题汇总，形成智能规划实施参考流程信息，如表 3-1 所示。

表 3-1　应收单填制规划（普通应收）——销售合同

| 多张票据 | 单据信息参考一张票据 |
| --- | --- |
| 制单人 | zwx 学号（会计） |
| 票据识别校验 | 校验 |
| 单据日期 | ${销售合同.合同签订日期} |
| 单据类型 | '销售发票' |
| 往来类型 | '客户' |
| 往来户 | ${销售合同.购货单位} |
| 摘要 | '客户'+${销售合同.购货单位}+'销售应收款' |
| 物料 | ${销售合同.产品名称} |
| 数量 | ${销售合同.数量} |
| 单价 | ${销售合同.单价} |
| 税率 | ${销售合同.税率}-'%' |
| 应收账款 | '应收账款' |
| 对方科目 | '主营业务收入' |
| 应收日期 | ${销售合同.付款日期} |
| 应收金额 2 | ${销售合同.付款金额} |
| 备注 2 | ${销售合同.备注} |

### 2. 进入智能财务规划教学平台设置应收单自动填写规划

进入智能财务规划教学平台，依次点击【应收机器人】—【应收机器人规划】选项打开应收机器人规划界面，在该界面可以查看建议的规划的要求。根据企业业务情况（表3-1）设置应收单填单规则。

单击【设置】按钮进入规划界面，根据表 3-1 的信息选择"多张票据""制单人"等信息，如图 3-12、图 3-13 所示。

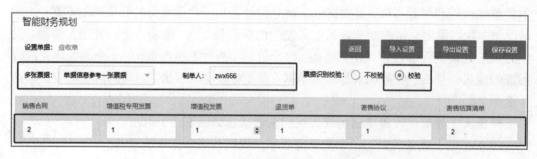

图 3-12　应收机器人规划界面

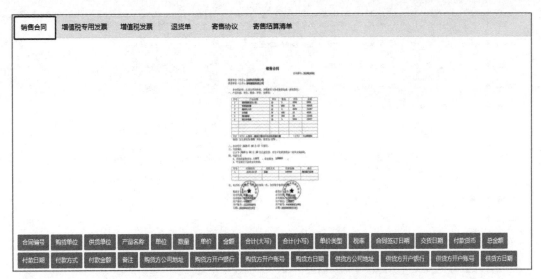

图 3-13　应收机器人规则设置单据类型选择界面

选择要规划规则的原始单据类型，进入规划界面，如图 3-12 所示。在规划设置详细界面找到要设置的项目"单据日期"，单击改编辑框左侧蓝色【＋】按钮，进入【规则设置】对话框。选择【销售合同】—【合同签订日期】选项（该项目会自动进入右侧规则显示框内），设置完成单击【确定】按钮即可退出，如图 3-14 所示。

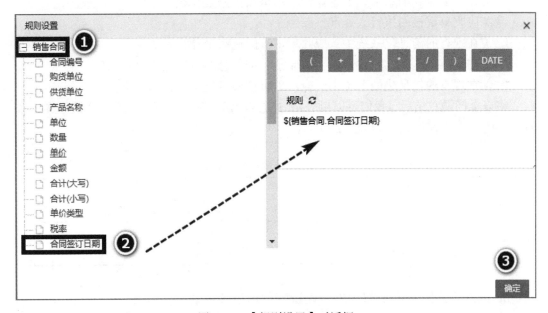

图 3-14　【规则设置】对话框

重复上述操作，根据表 3-1 完成所有规则设置。完整智能财务规划界面设置后需要单击右上角【保存设置】按钮，保存设置完成方可单击【返回】按钮，如图 3-15 所示。

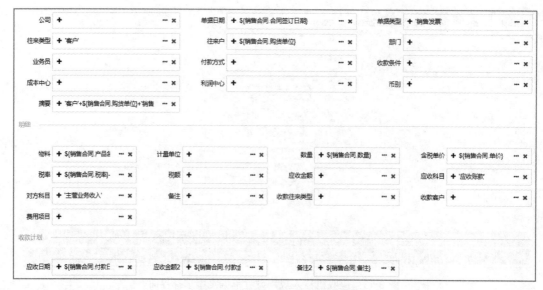

图 3-15    应收机器人规则设置详细界面

### 3. 应收单审核要素分析

一般由财务经理邓永斌每天抽时间对当天产生的应收单进行审核，根据财务经理审核应收单的操作流程我们可以总结以下思考要点。

（1）在以上业务场景下，本企业应收单审核依据是什么？

（2）应收单审核的执行人是谁？

（3）在现有的信息化系统中，应收单审核的流程是什么？

（4）在审核过程中，应收单信息与原始单据信息的对应关系是什么？

（5）在现有的信息化的系统中，应收单审核项目是否有特殊要求？

将以上问题总结后，我们可以以表格方式进行每个项目的问题汇总，确认形成智能规划实施参考流程信息，如表 3-2 所示。

表 3-2    应收单审核规划

| 校验点名称 | 校验要求 |
| --- | --- |
| 合同编码 | 销售合同编码符合公司要求，前缀为 XSHT |
| 合同真实性 | 合同真伪检查 |
| 合同金额和发票金额 | 合同金额和发票金额一致 |

### 4. 进入智能财务规划教学平台设置收款单审核规划

进入智能财务规划教学平台，依次点击【应收机器人】—【应收机器人规划】—【设置】选项打开应收机器人审核规划界面（图 3-16），在该界面可以查看建议的规划的要求。根据企业业务情况（表 3-2）设置应收单审核规则。

单击【人工参与】按钮，填写审核人编号，单击右侧【新增】按钮（图 3-16），进入【规则设置】对话框，单击绿色【 ＋ 】即可设置字段与比较值，根据表 3-2 信息开始增加第一个检验点"合同编码规范",设置界面如图 3-17 所示。

图 3-16　应收机器人审核规划界面

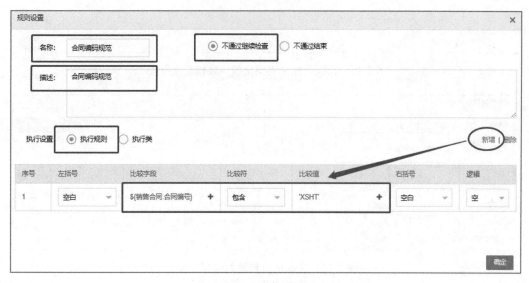

图 3-17　销售合同编码规范校验点设置

用上述方式分别进行合同真实有效校验点设置和合同金额和发票金额一致校验点
设置,校验点设置完成后,单击智能规划界面右上角【保存设置】按钮,如图 3-18~
图 3-20 所示。

图 3-18　合同真实有效校验点设置

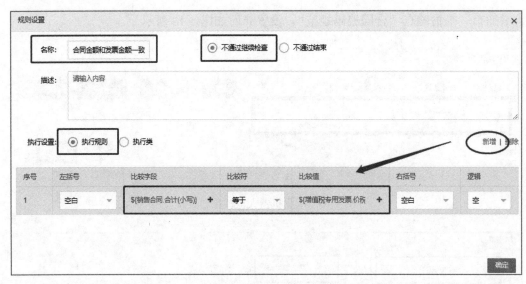

图 3-19　合同金额和发票金额一致校验点设置

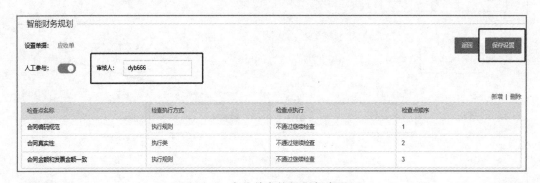

图 3-20　应收单审核规划保存设置

📖 **拓展挑战**

企业销售业务中，赊销业务和其他应收都是经常出现的规律性较强的业务，请尝试根据信息化系统中其他应收业务应收单填写规律，设计企业其他应收业务智能化处理规划。

📖 **复习思考**

（1）金蝶 EAS 智能财务规划的基本运作模式是什么？

（2）应收单填制智能规划设计应该由谁进行操作？

### 3.2.3　应收业务智能规划应用

🔡 **应用场景**

往来会计调用记账机器人对 2 月应收业务进行应收单填制、审核与记账处理。

视频 3.3　应收业务智能
规划应用

**案例资料**

2021 年 2 月 5 日，仓库出库 5 台通用型航拍无人机通过物流运至朗星公司，同日财务开具销售发票，确认应收账款。往来会计调用应收机器人完成应收单填写，财务经理接单进行审核，总账会计完成单据记账。

**任务内容**

（1）应收机器人执行应收单自动填写。

（2）应收机器人执行应收单据审核处理。

**应用指导**

**1. 应收机器人执行应收单自动填写**

进入智能财务规划教学平台，依次点击【应收机器人】—【应收智能处理】选项打开应收机器人智能处理界面，找到对应的题目，下载题干资源里的原始单据后单击【智能处理】，应收机器人执行应收单自动填写。注意：智能规划系统自动运行时需要根据提示手动上传原始单据，除此之外过程中不能运行界面，否则自动系统将停止自动运行，进入人工操作界面，如图 3-21 所示。

图 3-21　应收机器人执行应收单自动填写

**2. 应收机器人执行应收单据审核处理**

进入智能财务规划教学平台，依次点击【应收机器人】—【应收智能处理】打开应收机器人智能处理界面，找到对应的题目，单击【智能处理】按钮，应收机器人执行单据审核处理，如图 3-22 所示。

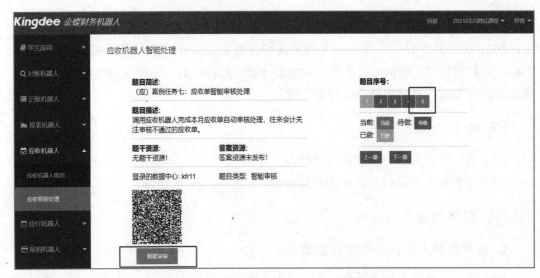

图 3-22    应收机器人执行应收单据审核处理

📖 **拓展挑战**

（1）请根据所学知识，运用对应机器人进行销售退货应收业务自动处理。

（2）请根据所学知识，运用对应机器人进行寄售销售应收业务自动处理。

📖 **复习思考**

（1）金蝶 EAS 智能财务处理过程中普通销售应收单和其他应收单填制应用有什么不同？

（2）企业处置固定资产形成应收款，是否可以使用本节设计的应收机器人自动处理业务？

# 3.3    应付业务智能处理

## 3.3.1    采购材料应付业务信息化处理

🔲 **应用场景**

为了处理深圳智航科技公司与德瑞制造公司有关采购合同的业务，需要在系统完成应付单的维护与审核。

🔲 **案例资料**

2021 年 1 月 10 日，深圳智航科技公司和德瑞制造公司签订采购合同，采购 100 个固定机翼，并约定本月货到后付款，当月收到货物并取得发票，由往来会计周雯鑫填写应付单，财务经理邓永彬审核。如图 3-23 所示为与德瑞制造公司的采购合同，图 3-24 所示为与德瑞制造公司的增值税专用发票。

视频 3.4    应付业务信息化处理

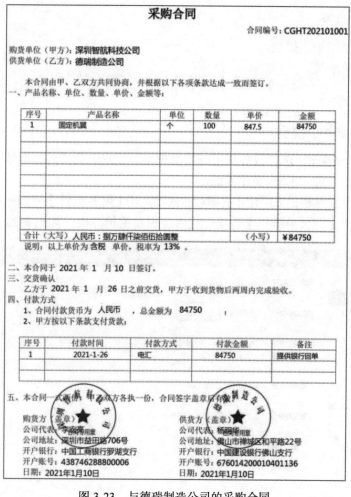

图 3-23　与德瑞制造公司的采购合同

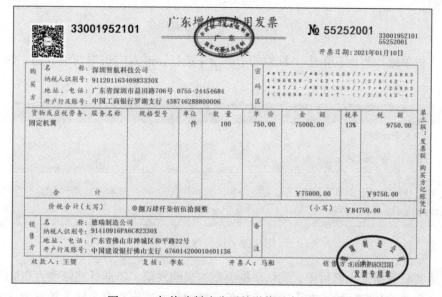

图 3-24　与德瑞制造公司的增值税专用发票

**任务内容**

（1）应付单维护、提交。

（2）应付单审核。

**应用指导**

### 1. 应付单维护、提交

在 EAS 登录界面，选择教师规定的数据中心，用户名为"zwx 学号"，无密码，单击【登录】按钮，进入 EAS 操作界面。

单击右上角工具栏的【应用】按钮后，依次点击【财务会计】—【应付管理】—【应付业务处理】—【应付单维护】选项，进入应付单维护界面，如图 3-25 所示。

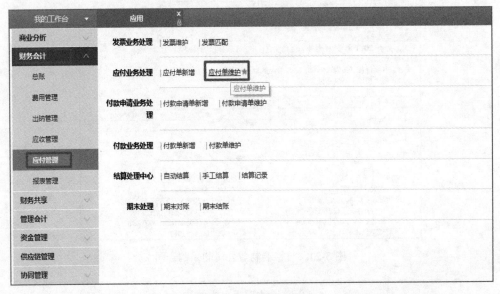

图 3-25 应付单维护

在应付单维护界面，单击工具栏的【新增】按钮，进入应付单新增界面，如图 3-26 所示。

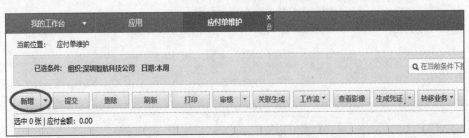

图 3-26 应付单新增

按照实验数据录入应付单，确认单据类型为采购发票，单据日期修改为 2021-01-10，往来用户为德瑞制造公司，在【明细】标签选择物料为固定机翼，输入数量为 100 个，含税单价为 847.5 元，税率为 13%，应付科目为应付账款，对方科目为原材料，在【付款计划】标签，修改应付日期为 2021-01-26，确认应付金额为 84 750 元，确认所有信息无误，保存后进行提交，提交至工作流，由财务经理邓永彬审核，如图 3-27、图 3-28 所示。

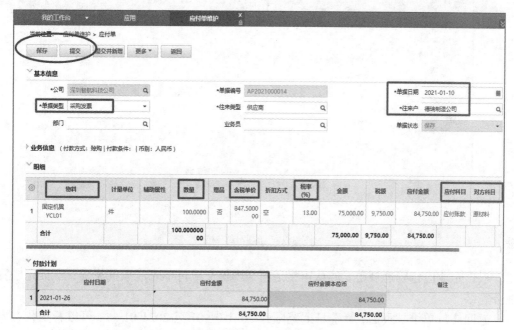

图 3-27　应付单录入

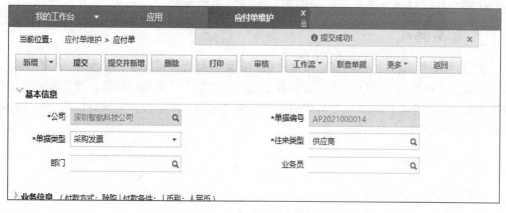

图 3-28　应付单提交

## 2. 应付单审核

提交成功应付单后，单击网页版的 EAS 的【安全退出】按钮，选择教师规定的数据中心，输入用户名"dyb 学号"，无密码，然后单击【登录】按钮，进入 EAS 系统操作界面。

单击右上角的工具栏的【流程】按钮，选择刚才提交的应付单，单击【处理】按钮，进入审批单据界面，如图 3-29 所示。

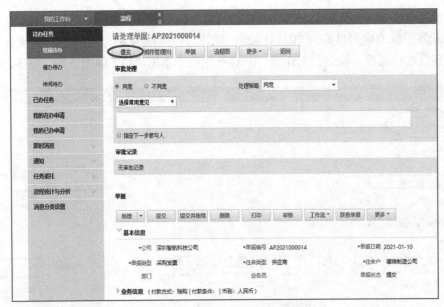

图 3-29 应收单审核

根据企业应付管理规范，确认审批通过，则提交应付单完成审批流程，审批完成后业务完结。

返回应付单维护页面，筛选日期范围为 2021-01-01 至 2021-01-31，可以看到状态为审核的应付单。

**注意：** 在进行应付单录入时单据类型应该选"采购发票"。

📖 **拓展挑战**

2021 年 1 月 13 日，深圳智能科技公司和德瑞森制造公司签订采购合同，采购 120 个固定机翼，含税单价为 847.5 元，税率为 13%，并约定本月货到后付款，当月收到货物并取得发票，由往来会计周雯鑫填写应付单，财务经理邓永彬审核。请针对该笔业务进行应付单的维护和审核。

📖 **复习思考**

（1）如何录入应付单？
（2）进行应付单审核时是否需要切换账号？

### 3.3.2 应付业务智能规划设置

🔲 **应用场景**

应付单是用来确认债权的单据，系统采用应付单来统计应付的发生，往来会计周文鑫每月都要花很多的时间根据业务提供的采购合同、发票等原始票据到系统中做应付单，该工作属于高重复低价值的财务工作，周雯鑫希望通过智能财务的规划设置将该部分高重复的工

视频 3.5 应付业务智能规划设置

作交由智能财务机器人来完成。

### 案例资料

基于采购材料应付业务信息化处理中积累的经验，设计根据采购合同、发票填写与审核应付单据相关的智能规划设计方案，并进行运行校验。

### 任务内容

（1）应付单填制要素分析。

（2）进入智能财务规划教学平台设置应付单自动填写规划。

（3）应付单审核要素分析。

（4）进入智能财务规划教学平台设置应付单审核规划。

### 应用指导

**1. 应付单填制要素分析**

根据人工处置应付单填制场景，我们来尝试总结以下几个问题。

（1）在以上业务场景下，本企业应付单是根据什么单据来填写的？单据是否需要校验？

（2）应付单录入的执行人是谁？

（3）在现有的信息化系统中，应付单填写的流程是什么？

（4）在填写过程中，应付单信息与原始单据信息的对应关系是什么？

（5）在现有的信息化系统中，应付单录入项目是否有特殊要求？

将以上问题总结后，我们可以以表格方式进行每个项目的问题汇总，形成智能规划实施参考流程信息，如表 3-3 所示。

**表 3-3　应付单规划（普通应付）——采购合同**

| 多张票据 | 单据信息参考一张票据 |
|---|---|
| 制单人 | zwx 学号（往来会计） |
| 票据识别校验 | 校验 |
| 单据日期 | ${采购合同.合同签订日期} |
| 单据类型 | '采购发票' |
| 往来类型 | '供应商' |
| 往来户 | ${采购合同.供货单位} |
| 摘要 | '采购合同编号为'+${采购合同.合同编号}+'的应付单' |
| 物料 | ${采购合同.产品名称} |
| 计量单位 | ${采购合同.单位} |
| 数量 | ${采购合同.数量} |
| 含税单价 | ${采购合同.单价} |
| 税率 | ${采购合同.税率}-'%' |
| 应付科目 | '应付账款' |
| 对方科目 | '1403' |
| 应付日期 | ${采购合同.付款日期} |
| 应付金额 | ${采购合同.付款金额} |

**2. 进入智能财务规划教学平台设置应付单自动填写规划**

进入智能财务规划教学平台，依次点击【应付机器人】—【应付机器人规划】选项打开应付机器人规划界面，在该界面可以查看建议的规划要求（表 3-3）。应付单填写界面使用规则与应收单设置方式一致，此处不再赘述，根据企业业务情况设置应付单填单规则，如图 3-30~图 3-32 所示。

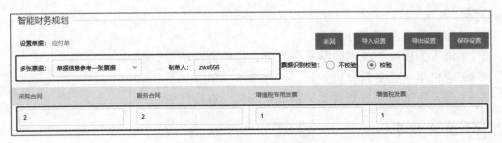

图 3-30　应付机器人规划界面表头

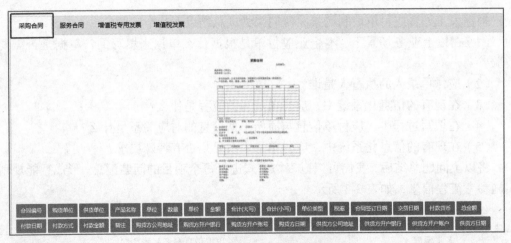

图 3-31　应付机器人规则设置表体

图 3-32　应付机器人规则设置详细界面

**3. 应付单审核要素分析**

一般由财务经理邓永斌每天抽时间对当天产生的应收单进行审核，根据财务经理审核应付单的操作流程我们可以总结以下思考要点。

（1）在以上业务场景下，本企业应付单审核依据是什么？

（2）应付单审核的执行人是谁？

（3）在现有的信息化系统中，应付单审核的流程是什么？

（4）在审核过程中，应付单信息与原始单据信息的对应关系是什么？

（5）在现有的信息化的系统中，应付单审核项目是否有特殊要求？

将以上问题总结后，我们可以以表格方式进行每个项目的问题汇总，确认形成智能规划实施参考流程信息，如表 3-4 所示。

表 3-4　应付单审核规划

| 校验点名称 | 校验要求 |
| --- | --- |
| 合同编码 | 采购合同编码符合公司要求，前缀为 CGHT 和 FW |
| 购货单位 | 合同上购货方为本公司 |

**4. 进入智能财务规划教学平台设置应付单审核规划**

进入智能财务规划教学平台，依次点击【应付机器人】—【应付机器人规划】选项打开应付机器人规划界面，在该界面可以查看建议的规划要求（表 3-4）。根据企业业务情况设置应付单审核规则。

进行合同编码规范校验点设置和购货单位校验校验点设置，待校验点设置完成后，输入审核人为"dyb+学号"，单击【保存设置】按钮。操作界面具体使用方法同应收单审核设置方法，此处不再赘述，操作流程如图 3-33～图 3-35 所示。

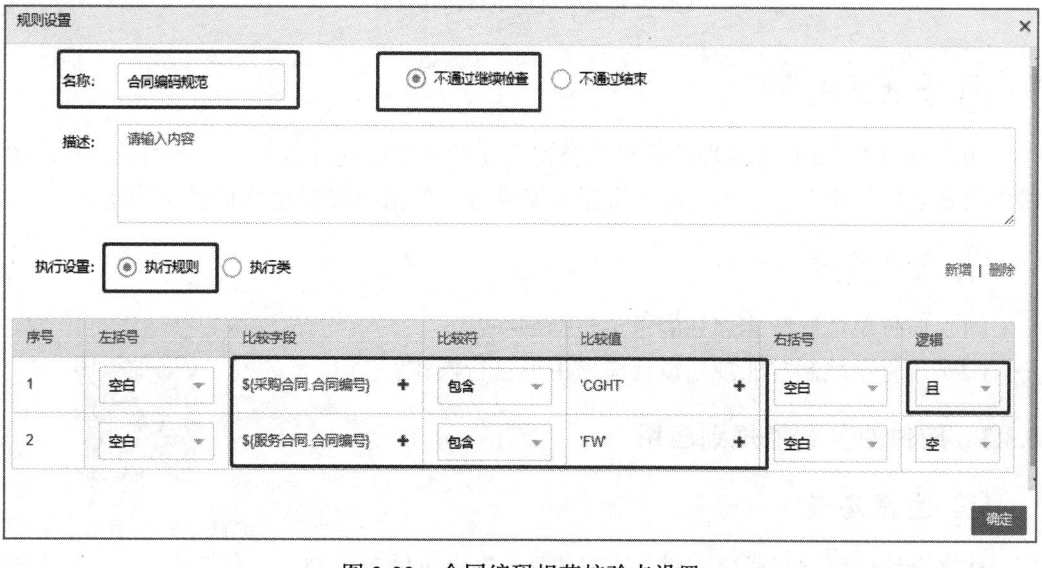

图 3-33　合同编码规范校验点设置

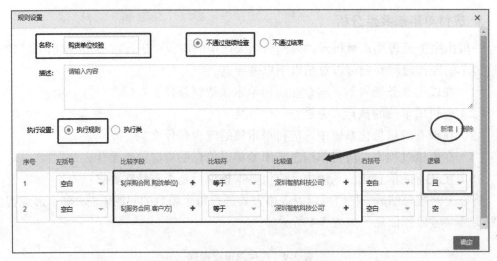

图 3-34　购货单位校验校验点设置

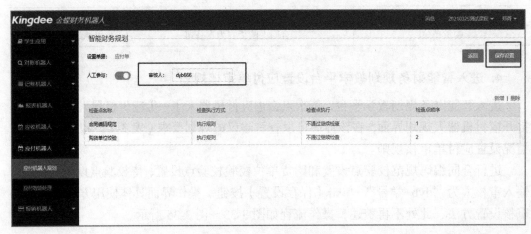

图 3-35　应付单审核保存设置

## 拓展挑战

2021 年 2 月 10 日，深圳智航科技公司委托君达律所处理员工的劳动纠纷，君达律所提供发票后，往来会计调用应付机器人完成对应单据的智能化填制规划设计。

## 复习思考

（1）应付单填制智能规划的重点包括哪些？

（2）应付单填制智能规划设计应该由谁进行操作？

### 3.3.3 应付业务智能规划应用

## 应用场景

往来会计调用记账机器人对 2 月应付业务进行应付单填制、

视频 3.6　应付业务智能规划应用

审核与记账处理。

🔲 **案例资料**

2021 年 2 月 24 日，深圳智航科技公司和深圳赛格电子有限公司签订采购合同，收货后，往来会计调用应付机器人完成应付单填写，财务经理接单进行审核，总账会计完成单据记账。

🔲 **任务内容**

（1）应付机器人执行应收单自动填写。

（2）应付机器人执行应收单据审核处理。

🔲 **应用指导**

**1. 应付机器人执行应收单自动填写**

进入智能财务规划教学平台，依次点击【应付机器人】—【应付智能处理】打开付款机器人智能处理界面，找到对应的题目，下载题干资源里的原始单据后单击【智能处理】按钮，应付机器人执行应付单自动填写，如图 3-36 所示。

图 3-36　应付机器人执行应付单自动填写

**2. 应付机器人执行应收单据审核处理**

进入智能财务规划教学平台，依次点击【应付机器人】—【应付智能处理】打开应付机器人智能处理界面，找到对应的题目，单击【智能处理】按钮，应付机器人执行单据审核处理，如图 3-37 所示。

图 3-37　应付机器人执行应付单据审核处理

📱 **拓展挑战**

（1）请根据所学知识，运用对应机器人进行与咨询公司签订合同业务的自动处理。

（2）请根据所学知识，运用对应机器人进行企业购置办公桌椅业务的自动处理。

📱 **复习思考**

金蝶 EAS 智能财务处理过程中采购业务和销售业务单据智能规划设置有什么相同之处？

# 第 4 章

# 费用报销智能处理

【学习目的与要求】

　　本章旨在帮助学生了解企业费用报销的基本概念、程序流程、注意事项及与信息安全相关的要求，从而掌握智能财务系统中企业费用报销的操作方法和过程，使学生领会信息安全战略重要性，强化责任担当。

　　通过学习本章，学生应了解企业费用报销的基本概念，包括企业费用报销的含义、范围和相关法律法规，明确费用报销的目的和意义；理解企业费用报销的程序流程，包括费用报销的申请、审核、审批、付款等环节，掌握每个环节的具体操作；掌握企业费用报销的注意事项，包括费用报销的规范性、凭证要求、费用项目、报销限制等，掌握如何遵守公司的费用报销政策和规定，以具备通过智能财务系统完成企业费用报销的能力。

## 4.1　费用报销实务认知

　　企业费用报销指企业员工在工作中发生的符合公司规定的费用并取得了原始凭证和发票，在完成工作后向公司提交相关资料和申请并经过审核后，公司对员工补偿支付这些费用的过程。通常情况下，企业费用报销包括招待费用、差旅费用、对公费用、物品采购费用等。

　　企业费用报销的流程一般包括以下几个步骤：符合公司规定的可报销费用发生，员工提交费用报销申请表及原始凭证和发票，财务部门审核申请表并核实费用情况，公司进行审批并支付费用，最后将费用报销记录记入企业账目中。目的是保障员工在工作中正当的费用得到合理的报销，同时也能有效控制企业的费用支出。虽然不同企业在应用企业费用报销时的概念、流程等基本原理是一致的，但行业不同、具体业务不同，各个企业在实际应用费用报销时的实际操作流程和方式以及规章制度可能会有差别，所以作为企业财会人员，应根据不同企业的不同情况和不同报销制度，按照企业实际所需进行费用报销业务的实际操作。

　　费用报销实务指管理和执行企业内部费用报销程序的实际操作流程。它通常包括以下几个方面的内容。

　　（1）费用报销政策：确定哪些费用可以报销、报销标准和限额，以及报销时需要提供的支持文件等。

（2）费用报销流程：包括提交报销申请、审核、批准和付款等环节。

（3）费用报销系统：通常使用电子化系统来处理和管理费用报销流程，如使用智能财务、ERP 或财务管理软件等。

（4）费用报销记录：为了跟踪和审计报销情况，需要记录每笔报销的详细信息，如报销时间、报销人员、报销类型、报销金额等。

费用报销实务在企业中非常重要，因为它直接关系到企业的财务管理和内部控制。如果费用报销实务处理不当，就会导致财务风险、审计问题和员工不满等问题的出现。

通常情况下，企业都会制定相应的费用报销政策，规定哪些费用可以报销、报销标准和限额、报销流程和要求等。员工需要在规定的时间内提交报销申请并提供相应的支持文件，如发票、收据、报销单、差旅费明细表等。公司的财务部门会对员工提交的费用报销申请进行审核和批准，并将相应的报销款项支付给员工。

费用报销制度可以帮助企业节约成本、提高员工满意度和保持良好的内部控制。同时，企业也需要确保费用报销制度的公平、透明和合规性，避免出现滥用、浪费和违规行为。

# 4.2 招待费用报销智能处理

## 4.2.1 招待费用报销信息化处理

### 🔲 应用场景

为了处理深圳智航科技公司的招待费用报销业务，需要在系统完成招待费用报销单的填制与审核。

### 🔲 案例资料

2021 年 1 月 15 日，秦义为了做业务推广，招待来公司考察的客户吃饭，提交招待费用报销单，当天由成本会计肖利华审核该报销单。如图 4-1 所示为阿庆楼餐饮增值税普通发票。

视频 4.1　招待费用报销信息化处理

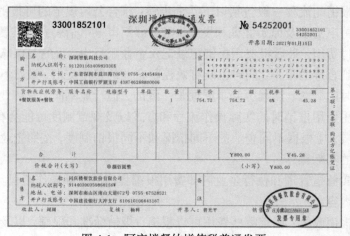

图 4-1　阿庆楼餐饮增值税普通发票

## 任务内容

（1）招待费用报销单填制、提交。

（2）招待费用报销单审核。

## 应用指导

### 1. 招待费用报销单填制、提交

在 EAS 登录界面，选择教师规定的数据中心，用户名为"qy 学号"，无密码，单击登录按钮，进入 EAS 操作界面。

单击右上角工具栏的【应用】按钮后，依次点击【财务会计】—【费用管理】—【费用报销】—【报销工作台】选项，进入报销工作台查询界面，如图 4-2 所示。

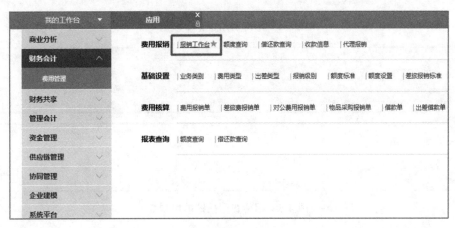

图 4-2 报销工作台

在自助报销服务处，单击工具栏的【费用报销】按钮，进入费用报销新增界面，如图 4-3 所示。

图 4-3 费用报销

按照实验数据录入招待费用报销单，选择申请日期为 2021-01-15，输入事由为"为了做业务推广"，选择费用类型为业务招待费，发生时间为 2021-01-15，输入报销金额为 800 元，确认收款信息为秦义，付现金额为 800 元，确认所有信息无误后，保存信息进行提交，如图 4-4、图 4-5 所示。

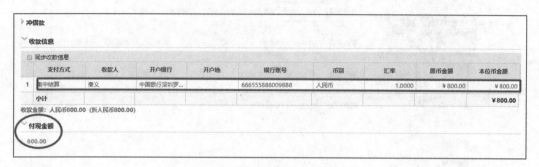

图 4-4　招待费用报销单填制 1

图 4-5　招待费用报销单填制 2

提交后返回报销工作台，可以看到单据状态为已提交的招待费用报销单，如图 4-6 所示。

图 4-6　招待费用报销单提交

### 2. 招待费用报销单审核

提交成功招待费用报销单后，单击网页版的 EAS 的安全退出按钮，选择教师规定的数据中心，输入用户名 "xlh 学号"，无密码，然后单击登录按钮，进入 EAS 系统操作界面。

单击右上角的工具栏的【流程】按钮，勾选刚才提交的招待费用报销单，单击【处理】按钮，进入审批单据界面，如图 4-7 所示。

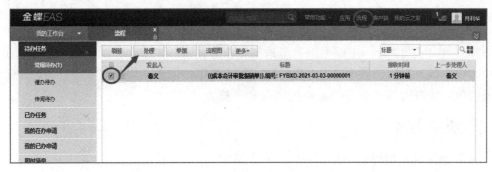

图 4-7　招待费用报销单处理

会计根据企业费用管理规范，确认审批通过，提交招待费用报销单完成审批流程，审批完成后则招待费用报销业务完结，如图 4-8 所示。

图 4-8　招待费用报销单审核

返回报销工作台界面，筛选报销中的单据，可以看到状态为审核通过的招待费用报销单，如图 4-9 所示。

图 4-9　查看已审核招待费用报销单

**注意**：在进入报销工作台时应该选择费用报销。

📑 **拓展挑战**

2021 年 1 月 17 日，王珊为进一步地拓宽业务范围，扩大销售，招待来公司调研交流的客户吃饭，报销金额为 2 400 元，提交招待费用报销单，当天成本会计肖利华审核该报销单。请进行该笔业务报销单的填制和审核。

📑 **复习思考**

（1）如何录入招待费用报销单？
（2）进行招待费用报销单审核时是否需要切换账号？

### 4.2.2　招待费用报销智能规划设置

🔡 **应用场景**

招待费用报销单用于报销，是一个业务、财务集成的表单，员工有报销业务的时候需要根据报销的发票等信息填写招待费用报销单，因为对公司费用报销规范理解不到位，经常出现填错的情况，占用了员工大量的时间，员工希望通过智能财务的规划设置将该部分工作交由智能财务机器人来完成。

视频 4.2　招待费用报销智能规划设置

🔡 **案例资料**

梳理公司员工日常招待费用报销审核规范，根据费用报销审核规范，设置招待费用报销单自动审核规划（以增值税普通发票为最后日期原始单据为例），设计招待费用报销单填制与审核智能规划，并将完成的机器人规划应用到真实业务中验证机器人执行的正确性。

🔡 **任务内容**

（1）招待费用报销单填制要素分析。
（2）进入智能财务规划教学平台设置招待费用报销单自动填写规划。
（3）招待费用报销单审核要素分析。
（4）进入智能财务规划教学平台设置招待费用报销单审核规划。

🔡 **应用指导**

**1. 招待费用报销单填制要素分析**

信息化系统中的费用报销业务类型较为丰富，我们需在业务开始前对业务操作和区别要点进行详细的归纳总结，找到不同费用报销业务的相同之处和不同之处。

根据人工处置招待费用报销单填制场景，我们来尝试总结以下几个问题。

（1）员工招待费用报销使用的原始票据有哪些？报销单填制人员是谁？费用报销涉及多种票据该如何处理？

首先，费用报销业务使用的原始单据一般会涉及 3 种类型：餐补住宿票据、交通费票据、费用支出明细单。而在本信息化系统中，我们可以将单据分为增值税专用发票、增值税普通发票和出租车打车票。

其次，根据前期信息化人员权限设置，招待费用报销单的填制人员应该是员工秦义，即综合业务员。

最后，在费用报销业务出现多张票据同时存在的情况下，每张票据都需要作为报销明细项目，同时注意招待费用报销单单头信息应该根据开票日期最晚的单据填写。

总结以上信息，招待费用报销单的整体规划，如表 4-1 所示。

**表 4-1　招待费用报销单整体规划**

| 多张票据 | 单据头信息以开票日期最晚的为准 |
| --- | --- |
| 制单人 | qy 学号 |
| 票据识别校验 | 校验 |

（2）招待费用报销单系统自动填写的字段有哪些？是否需要修改？

招待费用报销单系统自动填写的字段有报销人、申请日期、职位、公司、部门、费用承担部门、收款信息，其中申请日期需要根据具体业务进行调整，调整为开票日。

总结以上信息，以原始票据为增值税普通发票为例，可以知道招待费用报销单自动填写字段调整规划如表 4-2 所示。

**表 4-2　招待费用报销单自动填写字段调整**

| 申请日期 | ${增值税发票.开票日期} |
| --- | --- |

（3）招待费用报销单必填的字段有哪些？填写的要求是什么？

招待费用报销单必填的字段为事由，要求体现本次报销的业务特点，如加班打车费报销就要填写因公加班打车费。

总结以上信息，以原始票据为增值税普通发票为例，可以知道招待费用报销单必填字段规划，如表 4-3 所示。

**表 4-3　招待费用报销单必填字段规划**

| 事由 | '因业务原因产生的费用：'+${增值税发票.货物或应税劳务名称} |
| --- | --- |

（4）招待费用报销管理规范中重点强调的字段是哪些？填写要求是什么？

招待费用报销管理规范中强调的字段是费用类型字段，该字段填写要求和业务报销场景相关。例如：报销的是打车费，那么费用类型填写的是车补；报销的是通信费，那么费用类型填写的是通信费。

总结以上信息，以原始票据为增值税普通发票为例，可以知道招待费用报销规范强调的字段规划如表 4-4 所示。

**表 4-4　招待费用报销规范重点强调字段规划**

| 费用类型 | 如果（${增值税发票.货物或应税劳务名称}）包含 （'通信'）那么 费用类型 （'通信费'）; |
| --- | --- |
| | 如果（${增值税发票.货物或应税劳务名称}）包含 （'培训'）那么 费用类型 （'培训费'） |
| | 如果（${增值税发票.货物或应税劳务名称}）包含 （'物业'）那么 费用类型 （'房屋物管费'） |
| | 如果（${增值税发票.货物或应税劳务名称}）包含 （'标书'）那么 费用类型 （'标书费'） |
| | 如果（${增值税发票.货物或应税劳务名称}）包含 （'会议'）那么 费用类型 （'会议费'） |

（5）招待费用报销中业务明细必填字段有哪些？填写要求是什么？

招待费用报销单中的明细项目中，业务必填字段为发生时间、报销金额，发生时间填写要求为原始票据开票日期，报销金额为原始票据中实际发生金额。

总结以上信息，以原始票据为增值税普通发票为例，可以知道招待费用报销单业务明细必填字段规划如表4-5所示。

表 4-5　招待费用报销单业务明细必填字段规划

| 发生日期 | ${增值税发票.开票日期} |
|---|---|
| 报销金额 | ${增值税发票.价税合计（小写）} |

（6）招待费用报销中业务明细选填字段有哪些？填写要求是什么？

招待费用报销单中的费用明细项目的开票日期、不含税金额、税率、税额、费用说明这5个字段作为选填字段，根据原始报销票据如实填写。

总结以上信息，以原始票据为增值税普通发票为例，可以知道招待费用报销单业务明细选填字段规划如表4-6所示。

表 4-6　招待费用报销单业务明细选填字段规划

| 开票日期 | ${增值税发票.开票日期} |
|---|---|
| 不含税金额 | ${增值税发票.金额} |
| 税率 | ${增值税发票.税率}-'%' |
| 税额 | ${增值税发票.税额} |
| 费用说明 | ${增值税发票.货物或应税劳务名称} |

清晰了解以上信息系统操作流程要点后，将我们分析出来的各种规划要点列表组合在一起，就可以成为一个较为完整的智能规划方案了。原始单据最后日期为增值税普通发票类型的招待费用报销单填制规划方案如表4-7所示。

表 4-7　招待费用报销单填制规划方案（增值税普通发票）

| 多张票据 | 单据头信息以开票日期最晚的为准 |
|---|---|
| 制单人 | qy 学号 |
| 票据识别校验 | 校验 |
| 申请日期 | ${增值税发票.开票日期} |
| 事由 | '因业务原因产生的费用：'+${增值税发票.货物或应税劳务名称} |
| 费用类型 | 如果（${增值税发票.货物或应税劳务名称}）包含（'通信'）那么 费用类型（'通信费'）；<br>如果（${增值税发票.货物或应税劳务名称}）包含（'培训'）那么 费用类型（'培训费'）<br>如果（${增值税发票.货物或应税劳务名称}）包含（'物业'）那么 费用类型（'房屋物管费'）<br>如果（${增值税发票.货物或应税劳务名称}）包含（'标书'）那么 费用类型（'标书费'）<br>如果（${增值税发票.货物或应税劳务名称}）包含（'会议'）那么 费用类型（'会议费'） |
| 发生日期 | ${增值税发票.开票日期} |
| 报销金额 | ${增值税发票.价税合计（小写）} |
| 开票日期 | ${增值税发票.开票日期} |
| 不含税金额 | ${增值税发票.金额} |
| 税率 | ${增值税发票.税率}-'%' |
| 税额 | ${增值税发票.税额} |
| 费用说明 | ${增值税发票.货物或应税劳务名称} |

**2. 进入智能财务规划教学平台设置招待费用报销单自动填写规划**

进入智能财务规划教学平台，依次点击【报销机器人】—【报销机器人规划】选项打开报销机器人规划界面，在该界面可以查看建议的规划的要求（表 4-7）。根据企业业务情况设置招待费用报销单填单规则，如图 4-10～图 4-13 所示。

图 4-10　招待费用报销单填制规划界面表头

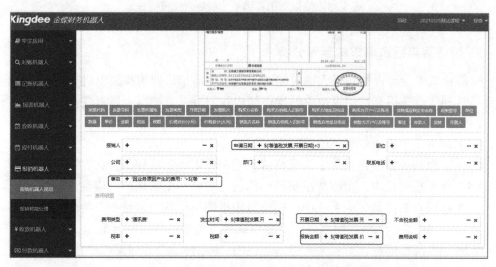

图 4-11　招待费用报销单填制规划界面表体

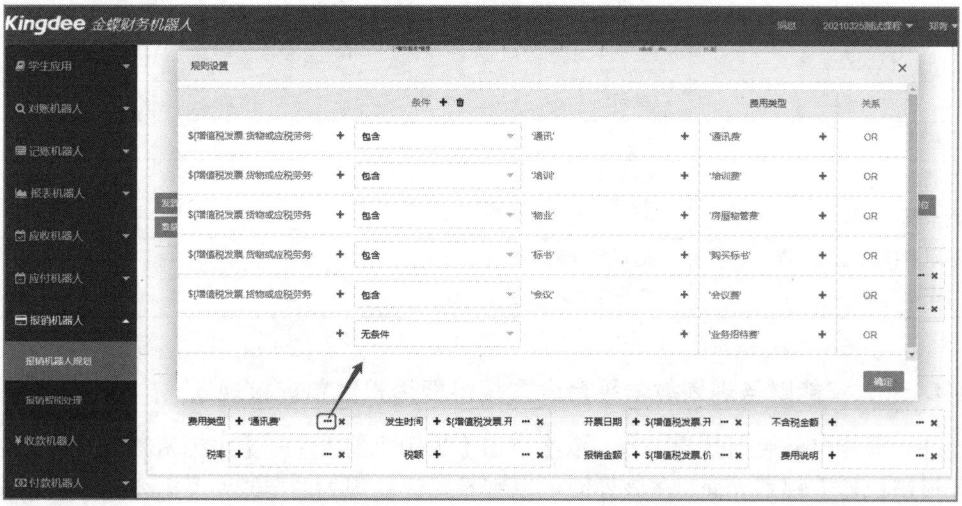

图 4-12　招待费用报销单填制规划设置详细界面

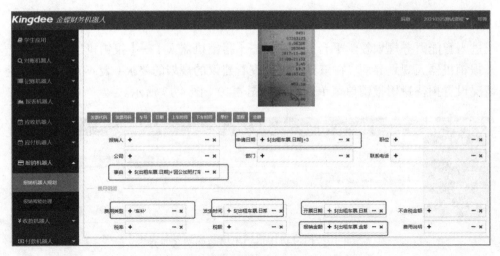

图 4-13　招待费用报销单填制规划设置完成

### 3. 招待费用报销单审核要素分析

一般由成本会计肖利华每天抽时间对当天产生的招待费用报销单进行审核，根据成本会计肖利华审核招待费用报销单的操作流程我们可以总结以下思考要点。

（1）在以上业务场景下，本企业招待费用报销单审核依据是什么？

（2）招待费用报销单审核的执行人是谁？

（3）在现有的信息化系统中，招待费用报销单审核的流程是什么？

（4）在审核过程中，招待费用报销单信息与原始单据信息的对应关系是什么？

（5）在现有的信息化的系统中，招待费用报销单审核项目是否有特殊要求？

将以上问题总结后，我们可以以表格方式进行每个项目的问题汇总，确认形成智能规划实施参考流程信息，如表 4-8 所示。（注：审核标准金额前期内部控制制度未进行介绍，此处审核标准金额请参照表 4-8 数据作为标准）

表 4-8　招待费用报销单审核规划

| 校验点名称 | 校验要求 |
| --- | --- |
| 人工参与 | 参与 |
| 审核人 | xlh 学号 |
| 发票抬头检查 | 除了个人的通信费报销，其他发票抬头必须是公司 |
| 发票真伪校验 | 发票必须是真发票 |
| 通讯费额度超额检查 | 通信费报销不超过 150 元 |
| 打车费额度检查 | 打车报销不超过 150 元 |

### 4. 进入智能财务规划教学平台设置招待费用报销单审核规划

进入智能财务规划教学平台，依次点击【报销机器人】—【报销机器人规划】选项打开报销机器人规划界面，在该界面可以查看建议的规划的要求。根据企业业务情况设置审核规则，如图 4-14～图 4-17 所示。

图 4-14　招待费报销机器人规划——发票抬头规划

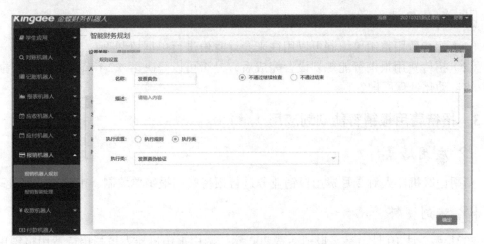

图 4-15　招待费报销机器人规划——发票真伪规划

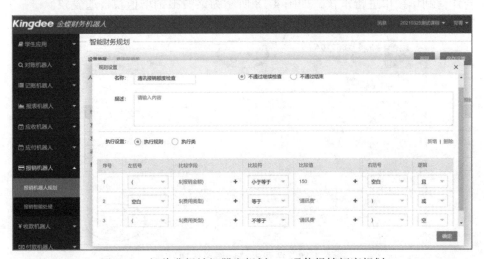

图 4-16　招待费报销机器人规划——通信报销额度规划

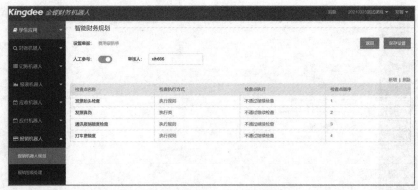

图 4-17　招待费填写审核人信息保存设置

## 拓展挑战

请根据本信息化系统招待费用报销要求，自行设置出租车票对应的招待费用报销单填制与审核的智能规划方案并进行运行校验。

## 复习思考

（1）招待费用报销单填制可以用往来会计身份进行单据填制吗？

（2）招待费用报销智能规划设置完成后，是否可以解决第 4.2.1 节讲解的所有报销业务的自动化处理问题？

### 4.2.3　招待费用报销智能规划应用

## 应用场景

调用记账机器人对 2 月费用报销业务进行招待费用报销单填制、审核与记账处理。

## 案例资料

2021 年 2 月 10 日，秦义报销话费 200 元，调用报销机器人填写招待费用报销单，成本会计肖利华接单进行审核，如图 4-18 所示为话费报销增值税普通发票。

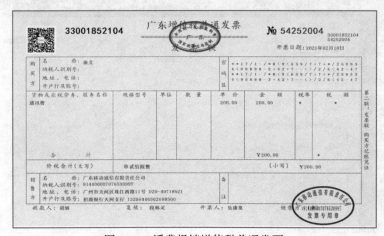

图 4-18　话费报销增值税普通发票

## 🔲 任务内容

（1）报销机器人执行招待费用报销单自动填写。

（2）报销机器人执行招待费用报销单据审核处理。

## 🔲 应用指导

### 1. 报销机器人执行招待费用报销单自动填写

进入智能财务规划教学平台，依次点击【报销机器人】—【报销智能处理】选项打开报销机器人智能处理界面，找到对应的题目，下载题干资源获取并保存原始发票图像，单击【智能处理】按钮，启动机器人自动进行报销处理，如图 4-19 所示。

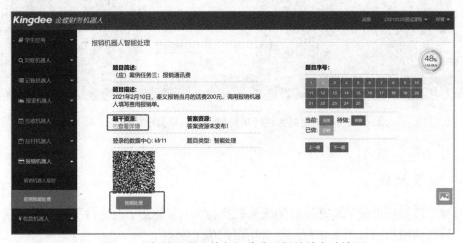

图 4-19　报销机器人执行招待费用报销单自动填写

### 2. 报销机器人执行招待费用报销单据审核处理

进入智能财务规划教学平台，依次点击【报销机器人】—【报销智能处理】打开报销机器人智能处理界面，找到对应的题目，启动机器人自动进行报销审核处理，同时成本会计做最后的审核确认判断是否审核通过，如图 4-20～图 4-21 所示。

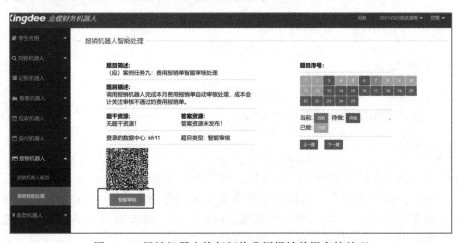

图 4-20　报销机器人执行招待费用报销单据审核处理

图 4-21　报销机器人执行招待费用报销单据审核处理结果

📖 **拓展挑战**

为参与环保局批量采购环境监测无人机投标项目，秦义个人垫付了标书购买费用共计 500 元，调用报销机器人填写招待费用报销单（发票）。

📖 **复习思考**

招待费用报销自动审核应用完成后，如果出现审核不通过现象，应该怎样处理呢？

# 4.3　差旅费用报销智能处理

## 4.3.1　差旅费报销信息化处理

🔲 **应用场景**

为了处理深圳智航科技公司的差旅费用报销业务，需要在系统完成差旅招待费用报销单的填制与审核。

视频 4.3　差旅费报销信息化处理

🔲 **案例资料**

2021 年 1 月 14 日秦义为了拓展市场，到成都出差 4 天做市场调研，回来后报销差旅费，由成本会计肖利华审核报销单，图 4-22 所示为翰林星空酒店增值税普通发票，图 4-23 所示为成都出租车发票，图 4-24 所示为深圳—成都机票行程单，图 4-25 所示为成都—深圳机票行程单。

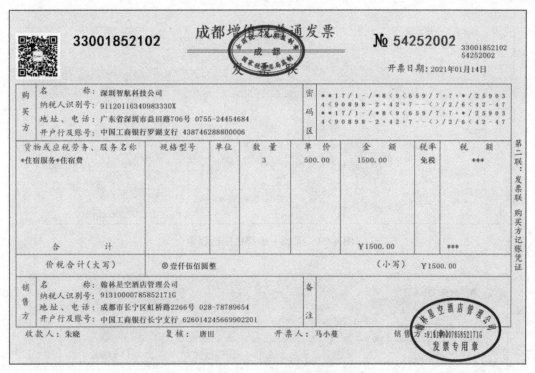

图 4-22　翰林星空酒店增值税普通发票

图 4-23　成都出租车发票

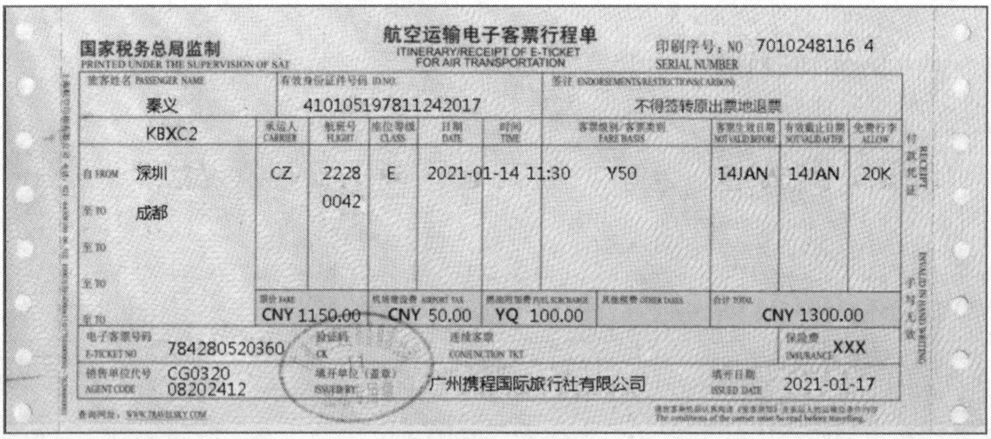

航空运输电子客票行程单
ITINERARY/RECEIPT OF E-TICKET FOR AIR TRANSPORTATION
国家税务总局监制 PRINTED UNDER THE SUPERVISION OF SAT
印刷序号：NO 7010248116 4 SERIAL NUMBER

| 旅客姓名 PASSENGER NAME | 有效身份证件号码 ID.NO. | 签注 ENDORSEMENTS/RESTRICTIONS(CARBON) |
| --- | --- | --- |
| 秦义 | 410105197811242017 | 不得签转原出票地退票 |

| KBXC2 | 承运人 CARRIER | 航班号 FLIGHT | 座位等级 CLASS | 日期 DATE | 时间 TIME | 客票级别/客票类别 FARE BASIS | 客票生效日期 NOT VALID BEFORE | 有效截止日期 NOT VALID AFTER | 免费行李 ALLOW |
| --- | --- | --- | --- | --- | --- | --- | --- | --- | --- |
| 自 FROM 深圳 | CZ | 2228 0042 | E | 2021-01-14 | 11:30 | Y50 | 14JAN | 14JAN | 20K |
| 至 TO 成都 | | | | | | | | | |
| 至 TO | | | | | | | | | |
| 至 TO | | | | | | | | | |
| 至 TO | 票价 FARE CNY 1150.00 | 机场建设费 AIRPORT TAX CNY 50.00 | 燃油附加费 FUEL SURCHARGE YQ 100.00 | 其他税费 OTHER TAXES | | 合计 TOTAL CNY 1300.00 | | | |

电子客票号码 E-TICKET NO 784280520360　验证码 CK　连续客票 CONJUNCTION TKT　保险费 INSURANCE XXX
销售单位代号 AGENT CODE CG0320 08202412　填开单位（盖章）ISSUED BY 广州携程国际旅行社有限公司　填开日期 ISSUED DATE 2021-01-17
查询网址：WWW.TRAVELSKY.COM

图 4-24　深圳—成都机票行程单

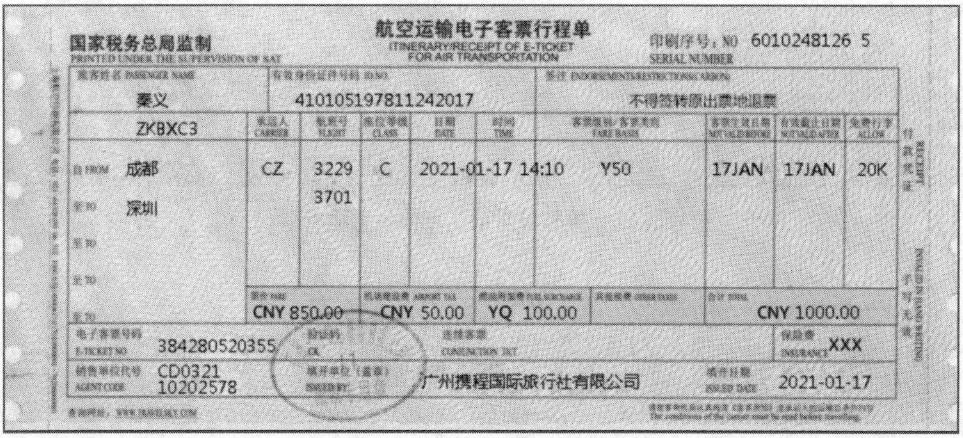

航空运输电子客票行程单
ITINERARY/RECEIPT OF E-TICKET FOR AIR TRANSPORTATION
国家税务总局监制 PRINTED UNDER THE SUPERVISION OF SAT
印刷序号：NO 6010248126 5 SERIAL NUMBER

| 旅客姓名 PASSENGER NAME | 有效身份证件号码 ID.NO. | 签注 ENDORSEMENTS/RESTRICTIONS(CARBON) |
| --- | --- | --- |
| 秦义 | 410105197811242017 | 不得签转原出票地退票 |

| ZKBXC3 | 承运人 CARRIER | 航班号 FLIGHT | 座位等级 CLASS | 日期 DATE | 时间 TIME | 客票级别/客票类别 FARE BASIS | 客票生效日期 NOT VALID BEFORE | 有效截止日期 NOT VALID AFTER | 免费行李 ALLOW |
| --- | --- | --- | --- | --- | --- | --- | --- | --- | --- |
| 自 FROM 成都 | CZ | 3229 3701 | C | 2021-01-17 | 14:10 | Y50 | 17JAN | 17JAN | 20K |
| 至 TO 深圳 | | | | | | | | | |
| 至 TO | | | | | | | | | |
| 至 TO | | | | | | | | | |
| 至 TO | 票价 FARE CNY 850.00 | 机场建设费 AIRPORT TAX CNY 50.00 | 燃油附加费 FUEL SURCHARGE YQ 100.00 | 其他税费 OTHER TAXES | | 合计 TOTAL CNY 1000.00 | | | |

电子客票号码 E-TICKET NO 384280520355　验证码 CK　连续客票 CONJUNCTION TKT　保险费 INSURANCE XXX
销售单位代号 AGENT CODE CD0321 10202578　填开单位（盖章）ISSUED BY 广州携程国际旅行社有限公司　填开日期 ISSUED DATE 2021-01-17
查询网址：WWW.TRAVELSKY.COM

图 4-25　成都—深圳机票行程单

## 任务内容

（1）差旅招待费用报销单填制、提交。

（2）差旅招待费用报销单审核。

## 应用指导

### 1. 差旅招待费用报销单填制、提交

在 EAS 登录界面，选择教师规定的数据中心，用户名为“qy 学号”，无密码，单击登录按钮，进入 EAS 操作界面。

单击右上角工具栏的【应用】按钮后，依次点击【财务会计】—【费用管理】—【费用报销】—【报销工作台】选项，进入报销工作台查询界面。

在自助报销服务处，单击工具栏的【差旅费报销】按钮，进入差旅费报销单新增界面，如图 4-26 所示。

图 4-26　差旅费报销

按照实验数据录入差旅费报销单,选择申请日期为 2021-01-17,新增差旅费用明细,选择开始日期为 2021-01-14,结束日期为 2021-01-17,选择费用类型为差旅费,事由为为拓展市场进行市场调研,出发地点为深圳,目的地点为成都,交通工具为飞机,长途交通费为 2 300 元,市内交通费为 120 元,住宿费为 1 500 元,确认报销金额为 3 920元,完成后单击【保存】按钮,返回【费用明细】标签,合计金额为 3 920 元,确认【收款信息】标签的收款人为秦义,然后单击【保存】—【提交】按钮,如图 4-27、图 4-28 所示。

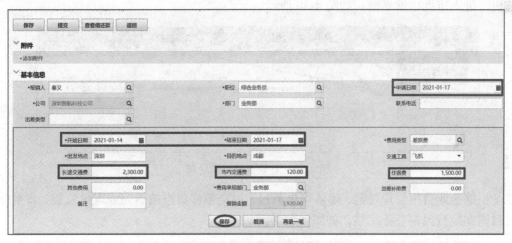

图 4-27　差旅费报销单填制 1

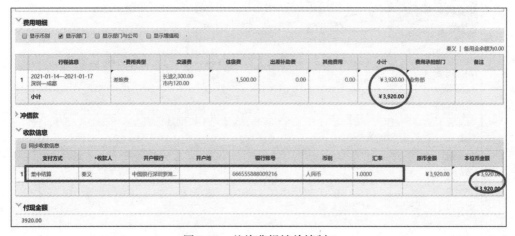

图 4-28　差旅费报销单填制 2

提交后返回报销工作台，可以看到单据状态为已提交的差旅费报销单，如图 4-29 所示。

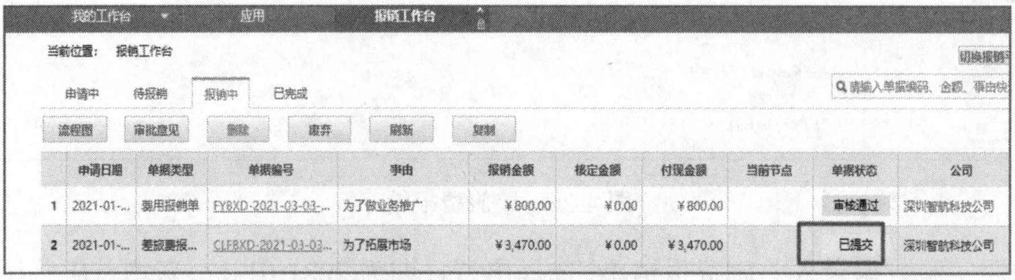

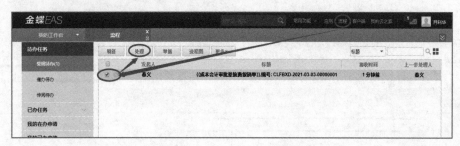

图 4-29　差旅费报销单提交

### 2. 差旅招待费用报销单审核

提交成功差旅费报销单后，单击网页版的 EAS 的【安全退出】按钮，选择教师规定的数据中心，输入用户名 "xlh 学号"，无密码，然后单击登录，进入 EAS 系统操作界面。

单击右上角的工具栏的【流程】按钮，选择刚才提交的差旅费报销单，单击【处理】按钮，进入审批单据界面，如图 4-30 所示。

图 4-30　差旅费报销单处理

根据企业费用管理规范，确认审批通过，提交差旅费报销单完成审批流程，审批完成后则差旅费报销业务完结，如图 4-31 所示。

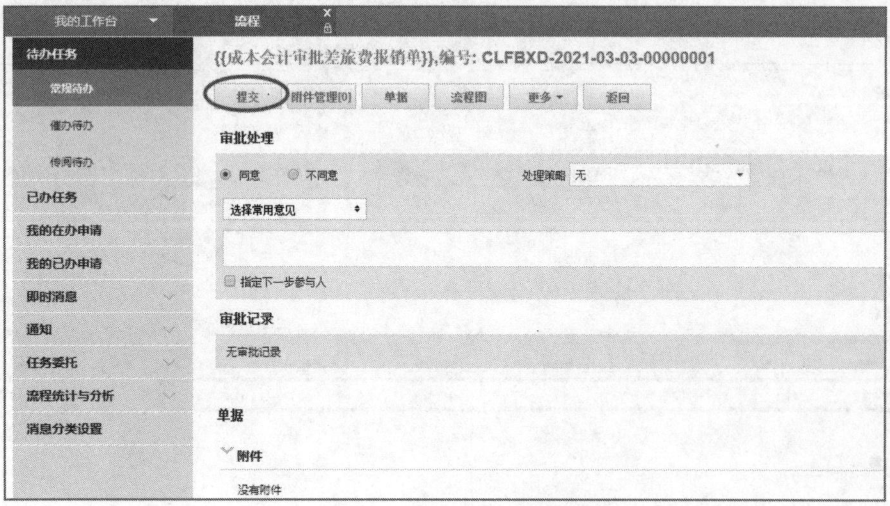

图 4-31　差旅费报销单审核

退出审核界面，用"qy 学号"，无密码选项登录 EAS 界面，依次点击【财务会计】—【费用管理】—【费用核算】—【差旅费报销单】选项，进入差旅费报销单查询界面，如图 4-32 所示。

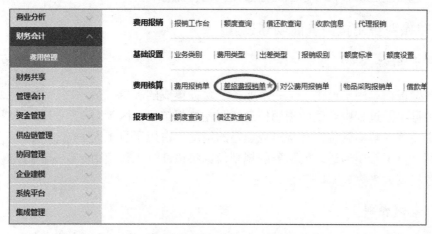

图 4-32　查看已审核差旅费报销单

进入差旅费报销单查询界面，展开过滤条件，选择日期为自定义，日期范围为 2021-01-01—2021-01-31，单击【确定】按钮后，可以查询到单据状态为已审核的差旅费报销单，如图 4-33 所示。

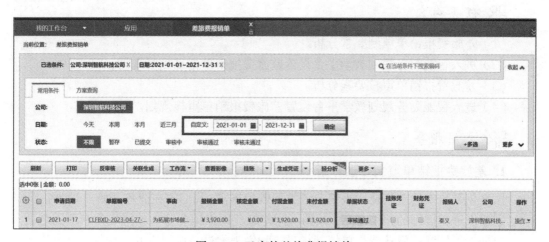

图 4-33　已审核差旅费报销单

**注意：** 在进入报销工作台时应该选择差旅费报销。

📖 **拓展挑战**

2021 年 1 月 17 日，王珊为了拓展销售渠道，打开市场，到重庆出差 5 天做市场调研、交流，回来后报销差旅费，出发地点为深圳，目的地为重庆，交通工具为飞机，长途交通费为 2 800 元，市内交通费为 150 元，住宿费为 1 600 元，确认报销金额为 4 550 元，由成本会计肖利华审核报销单。请进行该笔业务报销单的填制和审核。

📑 **复习思考**

（1）如何录入差旅费报销单？

（2）进行差旅费报销单审核时是否需要切换账号？

### 4.3.2 差旅费费用报销智能规划设置

🔡 **应用场景**

差旅费报销单用于报销，是一个业务、财务集成的表单。员工需要根据出差过程中产生的费用信息填写差旅报销单，因为对公司报销规范理解不到位，经常出现填错的情况，占用了员工大量的时间，员工希望通过智能财务的规划设置将该部分工作交由智能财务机器人来完成。

视频 4.4　差旅费用报销智能规划设置

🔡 **案例资料**

梳理公司员工日常差旅费用报销审核规范，根据费用报销审核规范，设置差旅招待费用报销单自动审核规划（以出差收集到的增值税发票、机票行程单据为例），设计差旅招待费用报销单填制与审核智能规划，并将完成的机器人规划应用到真实业务中验证机器人执行的正确性。

🔡 **任务内容**

（1）差旅费报销单填制要素分析。

（2）进入智能财务规划教学平台设置差旅费报销单自动填写规划。

（3）差旅费报销单审核要素分析。

（4）进入智能财务规划教学平台设置差旅费报销单审核规划。

🔡 **应用指导**

**1. 差旅费报销单填制要素分析**

信息化系统中的差旅费用报销业务类型较为丰富，我们需在业务开始前对业务操作和区别要点进行详细的归纳总结，找到不同差旅费用报销业务的相同之处和不同之处。

根据人工处置差旅费费用单填制场景，我们来尝试总结以下几个问题。

员工差旅费费用报销使用的原始票据有哪些？报销单填制人员是谁？费用报销涉及多种票据该如何处理？

首先，差旅费用报销业务使用的原始单据与普通费用报销涉及的单据非常相似，常见的单据包括食宿产生的增值税发票、交通产生的机票与火车票、市内交通产生的打车票、加油票、租车发票等。

其次，根据前文信息化人员权限设置，差旅费报销单的填制人员应该是员工秦义（也可以在权限中设置差旅费报销单填制人为出差人本人）。

最后，在差旅费用报销业务出现多种类型票据同时存在的情况下，每张票据都需要作为报销明细项目，同时注意差旅费报销单单头日期信息应该根据开票日期与报销单填制日期综合填写。

　　总结以上信息，差旅费报销单的规划，如表 4-9～表 4-13 所示。

表 4-9　差旅费报销单规划——整体规划

| 多张票据 | 单据头信息以第一张票据为准 |
| --- | --- |
| 制单人 | qy 学号 |
| 票据识别校验 | 校验 |

表 4-10　差旅费报销单规划——增值税发票

| 申请日期 | ${增值税发票.开票日期}+3 |
| --- | --- |
| 事由 | '业务需求出差'+${增值税发票.发票所属地} |
| 开始日期 | ${增值税发票.开票日期} |
| 结束日期 | ${增值税发票.开票日期} |
| 费用类型 | '差旅费' |
| 出发地点 | '当地' |
| 目的地点 | '当地' |
| 交通工具 | '其他' |
| 住宿费用 | ${增值税发票.价税合计（小写）}（填写条件：住宿费发票） |
| 其他费用 | ${增值税发票.价税合计（小写）}（填写条件：其他发票） |
| 备注 | ${增值税发票.货物或应税劳务名称} |

表 4-11　差旅费报销单规划——火车票

| 申请日期 | ${火车票.发车日期}+3 |
| --- | --- |
| 事由 | '业务需要出差'+${火车票.始发站}+${火车票.终点站} |
| 开始日期 | ${火车票.发车日期} |
| 结束日期 | ${火车票.发车日期} |
| 费用类型 | '差旅费' |
| 出发地点 | ${火车票.始发站} |
| 目的地点 | ${火车票.终点站} |
| 交通工具 | '高铁' |
| 长途交通费 | ${火车票.价格} |
| 备注 | '高铁票' |

表 4-12　差旅费报销单规划——行程单

| 申请日期 | ${行程单.日期}+3 |
| --- | --- |
| 事由 | '业务需求出差'+${行程单.始发站}+${行程单.目的地} |
| 开始日期 | ${行程单.日期} |
| 结束日期 | ${行程单.日期} |
| 费用类型 | '差旅费' |
| 出发地点 | ${行程单.始发站} |
| 目的地点 | ${行程单.目的地} |
| 交通工具 | '飞机' |
| 长途交通费 | ${行程单.合计金额} |
| 备注 | '机票' |

表 4-13　差旅费报销单规划——出租车票

| 申请日期 | ${出租车票.日期}+3 |
|---|---|
| 事由 | '业务需求出差' |
| 开始日期 | ${出租车票.日期} |
| 结束日期 | ${出租车票.日期} |
| 费用类型 | '差旅费' |
| 出发地点 | '当地' |
| 目的地点 | '当地' |
| 交通工具 | '其他' |
| 市内交通费 | ${出租车票.金额} |
| 备注 | '市内打车费' |

### 2. 进入智能财务规划教学平台设置差旅费报销单自动填写规划

进入智能财务规划教学平台，依次点击【报销机器人】—【报销机器人规划】选项打开报销机器人规划界面，在该界面可以查看建议的规划的要求（表 4-9～表 4-13）。根据企业业务情况设置差旅费报销单填单规则，如图 4-34～图 4-37 所示。

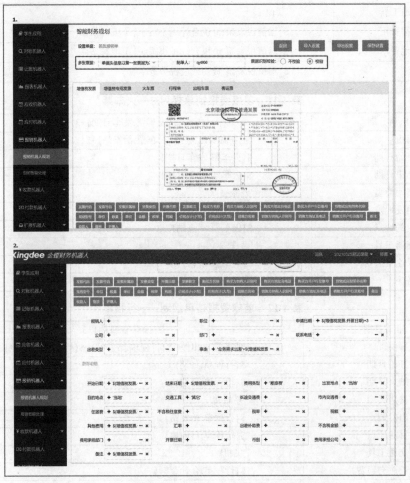

图 4-34　差旅费报销单填制规划界面——增值税发票

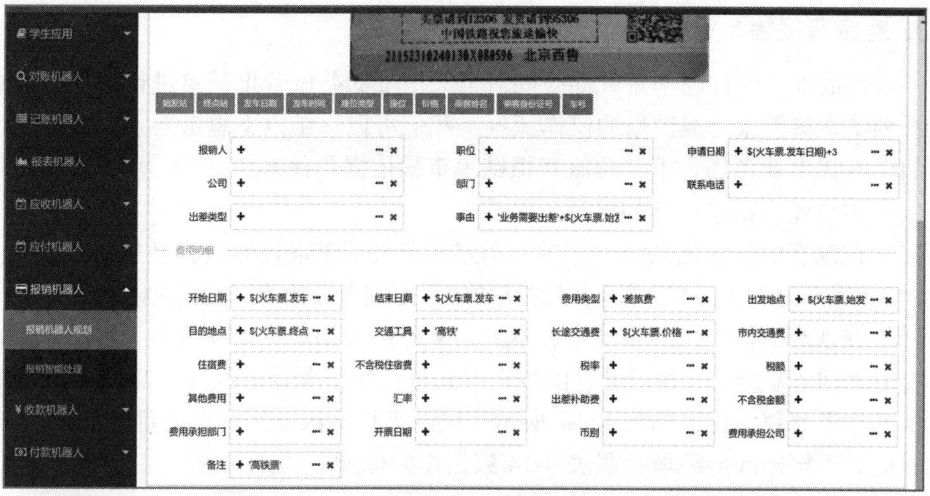

图 4-35　差旅费报销单填制规划界面——火车票

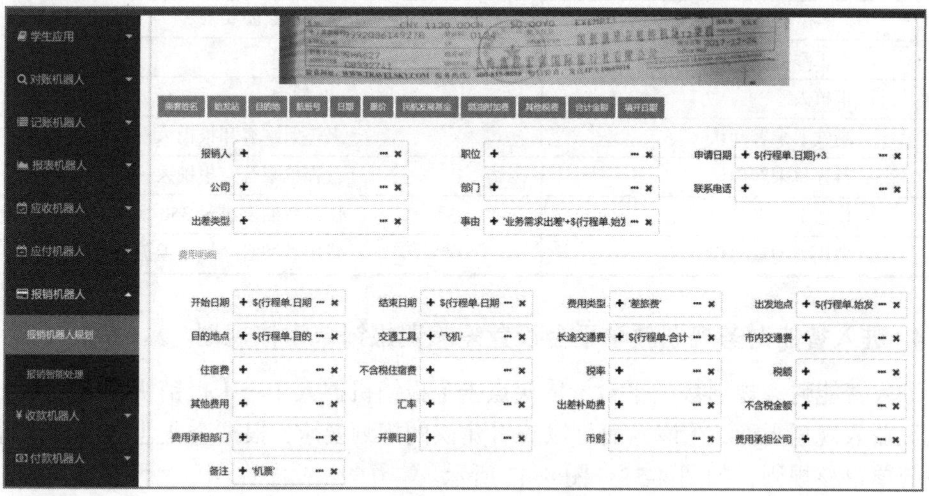

图 4-36　差旅费报销单填制规划界面——行程单

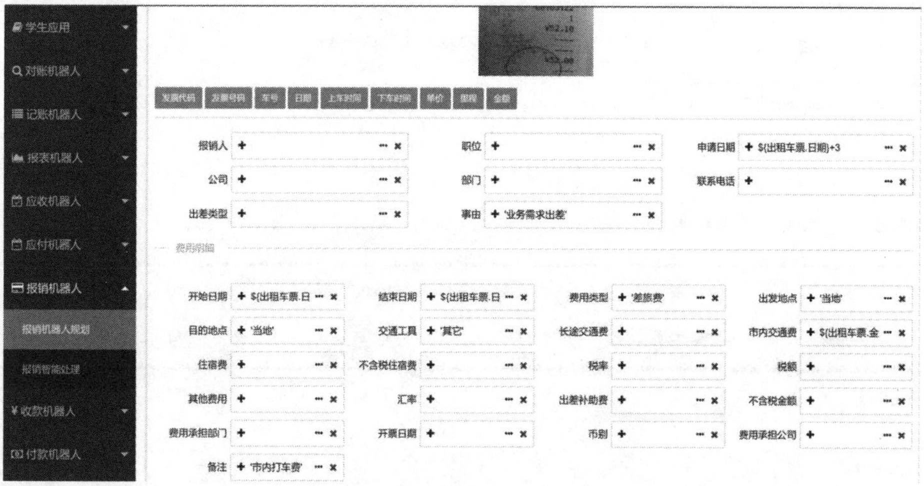

图 4-37　差旅费报销单填制规划界面——出租车票

### 3. 差旅费报销单审核要素分析

一般由成本会计肖利华每天抽时间对当天产生的差旅费报销单进行审核，根据成本会计肖利华审核差旅费报销单的操作流程，我们可以总结以下思考要点。

（1）在以上业务场景下，差旅费报销单审核依据是什么？

（2）本企业报销单审核的执行人是谁？

（3）在现有的信息化系统中，本公司差旅费报销单审核的流程是什么？

（4）在审核过程中，本公司差旅费报销单上面信息与原始单据信息的对应关系是什么？

（5）在现有的信息化的系统中，本公司差旅费报销单审核项目是否有特殊要求？

将以上问题总结后，我们可以以表格方式进行每个项目的问题汇总，确认形成智能规划实施参考流程信息，如表 4-14 所示（注：审核标准金额前期内部控制制度未进行介绍，此处审核标准金额请参照表 4-14 数据作为标准）。

表 4-14    差旅费报销单审核规划

| 校验点名称 | 校验要求 |
|---|---|
| 人工参与 | 参与 |
| 审核人 | xlh 学号 |
| 高铁票乘客确认 | 火车票乘客和报销人一致 |
| 行程单乘客确认 | 行程单乘客与报销人一致 |
| 住宿费额度检查 | 住宿费额度小于 350 元/晚 |
| 费用类型填写规范 | 费用类型必须填写差旅费 |

### 4. 进入智能财务规划教学平台设置差旅费报销单审核规划

进入智能财务规划教学平台，依次点击【报销机器人】—【报销机器人规划】打开报销机器人规划界面，在该界面可以查看建议的规划要求。根据企业业务情况设置差旅费报销单审核规则，如图 4-38～图 4-42 所示。

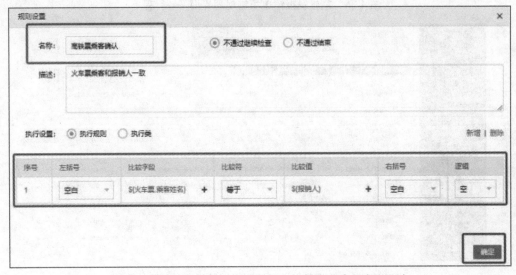

图 4-38    差旅费报销机器人规划——高铁票乘客确认设计

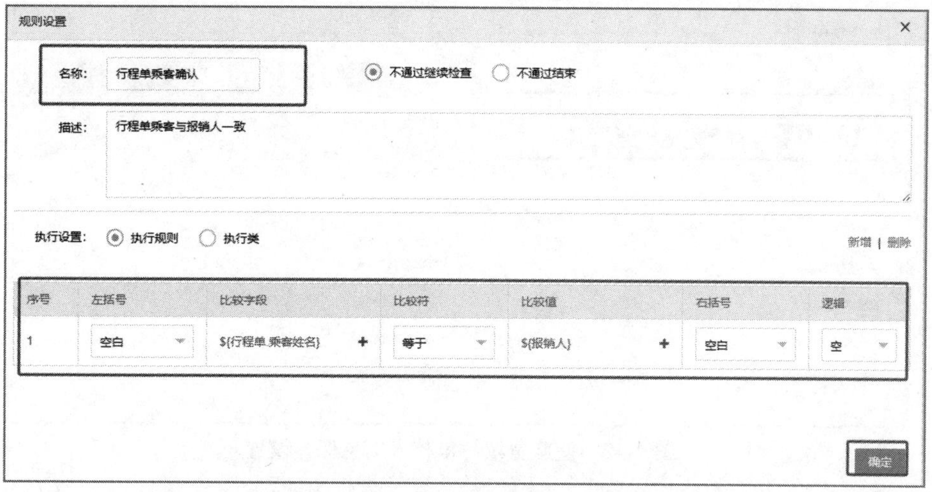

图 4-39 差旅费报销机器人规划——行程单乘客确认设计

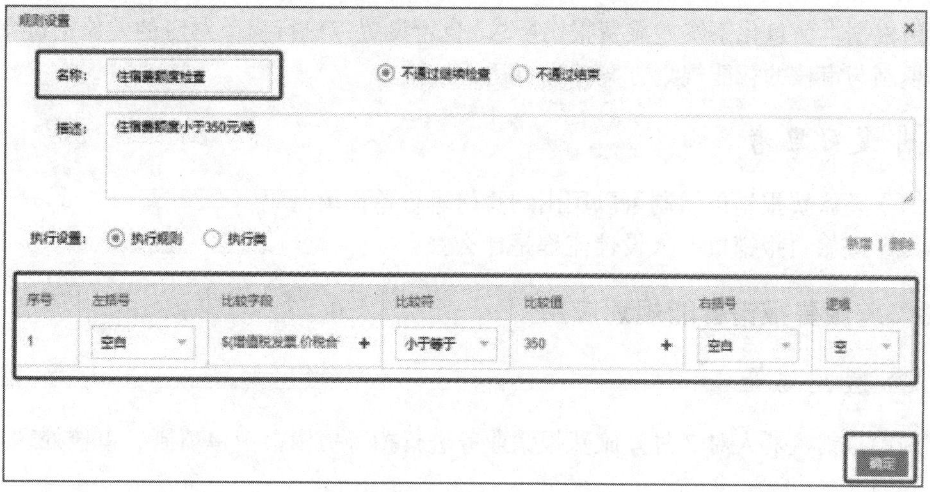

图 4-40 差旅费报销机器人规划——住宿费额度检查设计

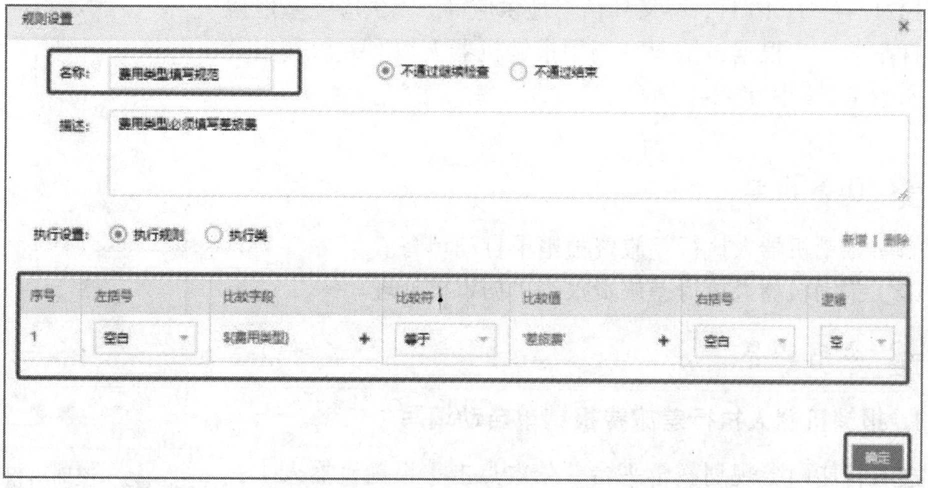

图 4-41 差旅费报销机器人规划——费用类型填写规范设计

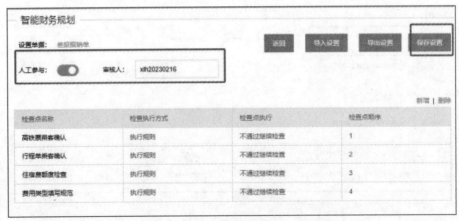

图 4-42　差旅费填写审核人信息保存设置

📖 **拓展挑战**

请根据本信息化系统差旅费报销要求，自行设置飞机行程单对应的差旅招待费用报销单填制与审核的智能规划方案并进行运行校验。

📖 **复习思考**

（1）差旅费报销单填制可以用出纳身份进行单据填制吗？
（2）差旅费报销机器人设计流程是什么？

### 4.3.3　差旅费报销智能规划应用

🔲 **应用场景**

调用报销机器人对 2 月差旅费报销业务进行招待费用报销单填制、审核处理。

🔲 **案例资料**

2021 年 2 月 10 日，秦义拜访本地供应商，因供应商基地偏远，打车前往，根据该情况，调用报销机器人填写差旅费报销单，原始单据如图 4-43 所示。

🔲 **任务内容**

（1）报销机器人执行差旅费报销单自动填写。
（2）报销机器人执行差旅费报销单据审核处理。

🔲 **应用指导**

**1. 报销机器人执行差旅费报销单自动填写**

进入智能财务规划教学平台，依次点击【报销机器人】—　　　图 4-43　深圳出租车发票

【报销智能处理】选项打开报销机器人智能处理界面，找到对应的题目，下载题干资源获取并保存原始发票图像，单击【智能处理】按钮，启动机器人自动进行报销处理，如图 4-44 所示。

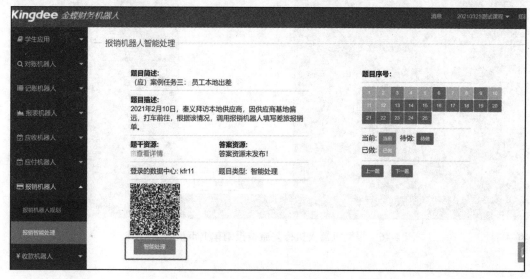

图 4-44　报销机器人执行差旅费报销单自动填写

### 2. 报销机器人执行差旅费报销单据审核处理

进入智能财务规划教学平台，依次点击【报销机器人】—【报销智能处理】打开报销机器人智能处理界面，找到对应的题目，启动机器人自动进行报销审核处理，同时成本会计做最后的审核确认判断是否审核通过，如图 4-45～图 4-46 所示。

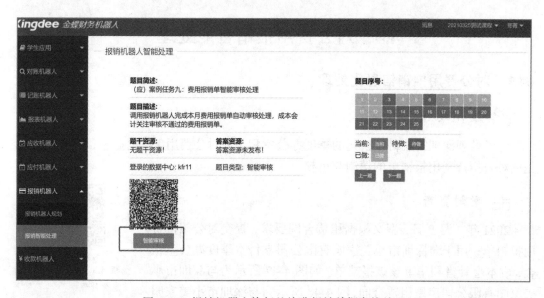

图 4-45　报销机器人执行差旅费报销单据审核处理

图 4-46　报销机器人执行差旅费报销单据审核处理结果

### 📖 拓展挑战

2021 年 2 月 11 日,秦义去佛山拜访客户,调用报销机器人填写差旅费报销单(高铁票、住宿发票)。请尝试使用差旅费报销机器人处理该报销业务。

### 📖 复习思考

差旅费报销机器人设计与招待费用报销机器人设计有什么区别?

## 4.4　对公费用报销智能处理

### 4.4.1　对公费用报销信息化处理

#### 🔡 应用场景

为了处理深圳智航科技公司的季度办公室租金(对公费用)报销业务,需要在系统完成对公招待费用报销单的填制与审核。

#### 🔡 案例资料

2021 年 1 月 9 日,秦义根据租赁合同要求,提交对公招待费用报销单,用于向深圳市小美家园有限公司支付本季度办公室租金,成本会计肖利华审核该报销单。如图 4-47 所示为与深圳市小美家园有限公司房屋租赁合同,图 4-48 所示为与深圳市小美家园

视频 4.5　对公费用报销信息化处理

有限公司增值税专用发票。

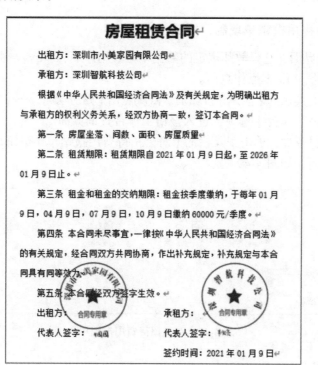

图 4-47　与深圳市小美家园有限公司房屋租赁合同

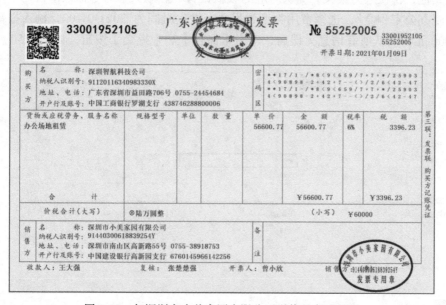

图 4-48　与深圳市小美家园有限公司增值税专用发票

## 任务内容

（1）对公招待费用报销单填制、提交。

（2）对公招待费用报销单审核。

## 🔡 应用指导

### 1. 对公招待费用报销单填制、提交

在 EAS 登录界面，选择教师规定的数据中心，用户名为"qy 学号"，无密码，单击【登录】按钮，进入 EAS 操作页面。

单击右上角工具栏的【应用】按钮后，依次点击【财务会计】—【费用管理】—【费用报销】—【报销工作台】选项，进入报销工作台查询界面。

在自助报销服务处，单击工具栏的【对公招待费用报销单】按钮，进入对公招待费用报销单新增界面，如图 4-49 所示。

图 4-49　对公招待费用报销单

按照实验数据录入对公招待费用报销单，选择申请日期为 2021-01-09，选择收款人类型为其他，收款人为秦义，确认对应的收款银行和收款人账号，输入事由为"用于支付本季度办公室租金"，选择费用类型为租金，发生时间为 2021-01-09，输入报销金额为 60 000 元，确认所有信息无误后，单击【保存】—【提交】按钮，如图 4-50 所示。

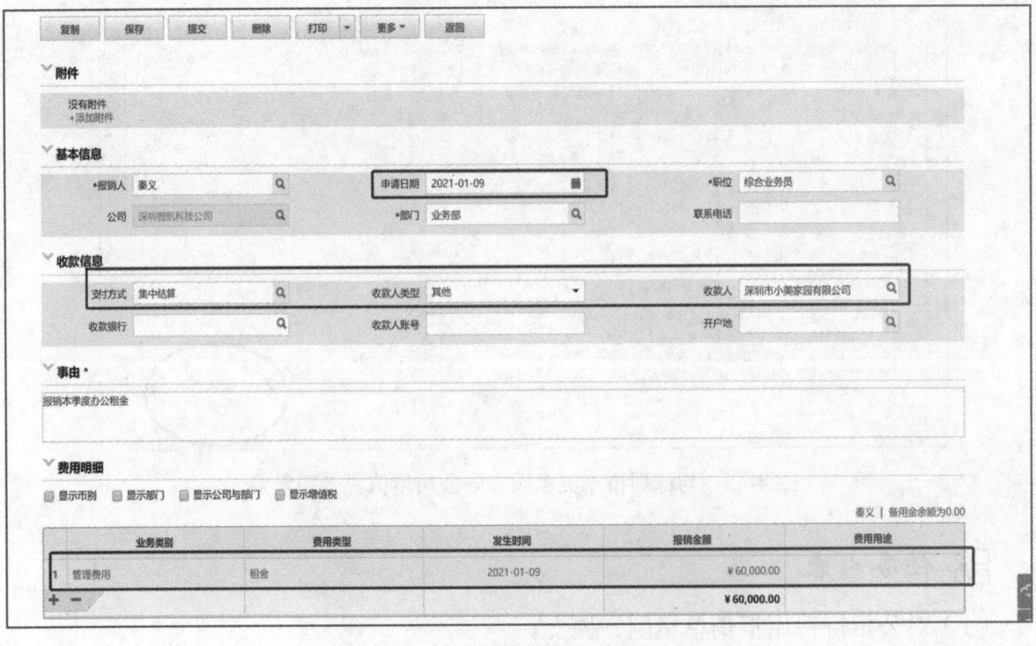

图 4-50　对公招待费用报销单填制

返回报销工作台界面，可以看到已提交的对公招待费用报销单，如图 4-51 所示。

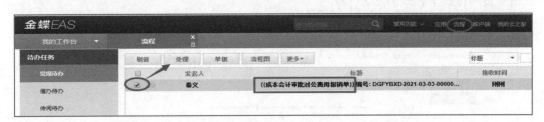

图 4-51　对公招待费用报销单提交

### 2. 对公招待费用报销单审核

提交成功对公招待费用报销单后，单击网页版的 EAS 的【安全退出】按钮，选择教师规定的数据中心，输入用户名"xlh 学号"，无密码，然后单击【登录】按钮，进入 EAS 系统操作界面。

单击右上角的工具栏的【流程】按钮，选择刚才提交的对公招待费用报销单，单击【处理】按钮，进入审批单据界面，如图 4-52 所示。

图 4-52　处理对公招待费用报销单

根据企业费用管理规范，确认审批通过，提交对公招待费用报销单完成审批流程，审批完成后则对公费用报销业务完结，如图 4-53 所示。

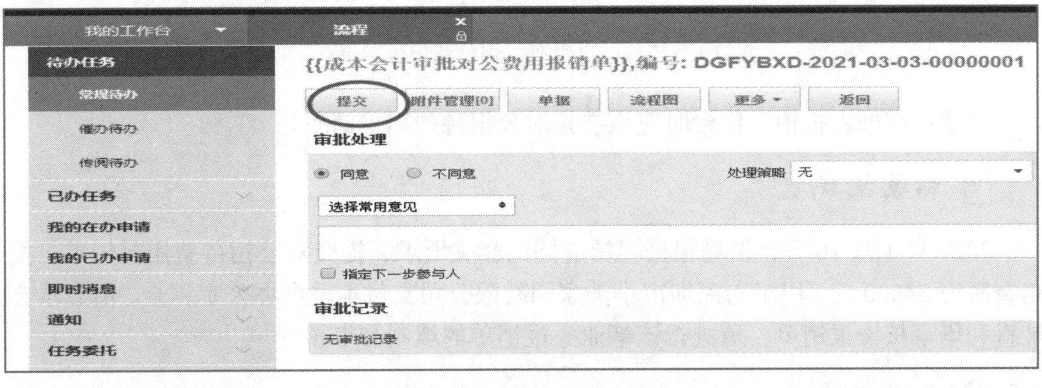

图 4-53　对公招待费用报销单审核

依次点击【财务会计】—【费用管理】—【费用核算】—【对公费用报销单】选项，

进入对公招待费用报销单查询界面，如图 4-54 所示。

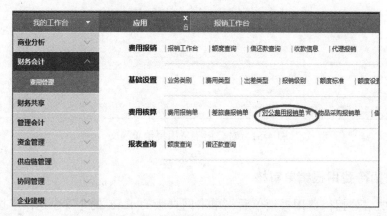

图 4-54　查看已审核对公招待费用报销单

　　进入对公招待费用报销单查询界面，展开过滤条件，选择日期为自定义，日期范围为 2021-01-01—2021-01-31，单击【确定】按钮后，可以查询到单据状态为已审核的对公招待费用报销单，如图 4-55 所示。

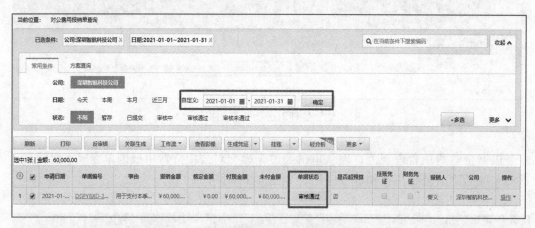

图 4-55　已审核对公招待费用报销单

　　**注意：** 在进入报销工作台时应该选择对公招待费用报销单。

📖 **拓展挑战**

　　2021 年 1 月 10 日，王珊根据租赁合同的相关要求，提交对公招待费用报销单，报销金额为 54000 元，用于向深圳市小美家园有限公司支付本季度办公室租金，由成本会计肖利华审核该报销单。请进行该笔业务报销单的填制和审核。

📖 **复习思考**

　　（1）如何录入对公招待费用报销单？
　　（2）进行对公招待费用报销单审核时是否需要切换账号？

### 4.4.2　对公费用报销智能规划设置

**应用场景**

对公招待费用报销单用于报销，是一个公司报销业务、财务集成的表单。公司日常费用发生后，需要员工根据费用信息填写对公招待费用报销单，因为对公司报销规范理解不到位，经常出现填错的情况，占用了员工大量的时间，员工希望通过智能财务的规划设置将该部分工作交由智能财务机器人来完成。

视频 4.6　对公费用报销智能规划设置.

**案例资料**

梳理公司对公业务报销审核规范，根据对公业务报销审核规范，设置对公招待费用报销单自动填制与审核规划（原始单据以增值税专用发票为例），设计对公招待费用报销单填制与审核智能规划，并将完成的机器人规划应用到真实业务中验证机器人执行的正确性。

**任务内容**

（1）对公招待费用报销单填制要素分析。
（2）进入智能财务规划教学平台设置对公招待费用报销单自动填写规划。
（3）对公招待费用报销单审核要素分析。
（4）进入智能财务规划教学平台设置对公招待费用报销单审核规划。

**应用指导**

**1. 对公招待费用报销单填制要素分析**

根据信息系统中对公业务报销处理规则和流程总结对公业务报销单据填制规律，同学们可以根据已经学习过的费用报销自动化处理流程来设计对公报销单据填制要素。具体要素总结如表 4-15 和表 4-16 所示。

表 4-15　对公招待费用报销单规划——整体规划

| 多张票据 | 单据信息参考一张票据 |
| --- | --- |
| 制单人 | qy 学号 |
| 票据识别校验 | 校验 |
| 票据排序 | 增值税发票：1；增值税专用发票：2 |

表 4-16　对公招待费用报销单规划——增值税专用发票

| 申请日期 | ${增值税专用发票.开票日期} |
| --- | --- |
| 收款人类型 | '供应商' |
| 收款人 | ${增值税专用发票.销售方名称} |
| 事由 | '业务需求对公报销：'+${增值税专用发票.货物或应税劳务名称} |
| 费用类型 | 根据公司日常费用报销规范设置费用类型 |
| 发生时间 | ${增值税专用发票.开票日期} |
| 开票日期 | ${增值税专用发票.开票日期} |
| 报销金额 | ${增值税专用发票.价税合计（小写）} |

### 2. 进入智能财务规划教学平台设置对公费用报销单自动填写规划

进入智能财务规划教学平台，选择【报销机器人】—【报销机器人规划】选项，打开报销机器人规划界面，在该界面可以查看建议的规划的要求（表 4-15、表 4-16）。根据企业业务情况设置对公费用报销单填单规则，如图 4-56～图 4-59 所示。

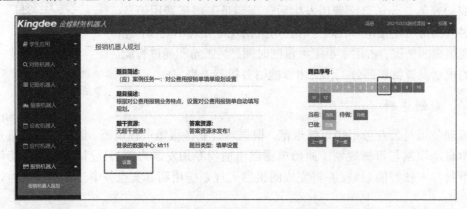

图 4-56　进入对公费用报销单填制规划界面

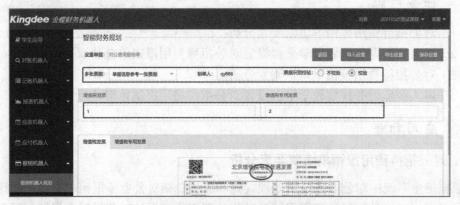

图 4-57　对公招待费用报销单填制规划界面表头

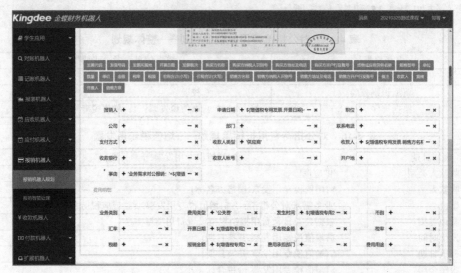

图 4-58　对公费用报销单填制规划设置详细界面

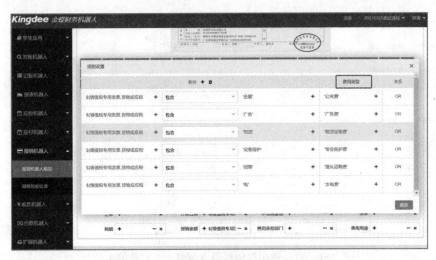

图 4-59　对公费用报销单填制规划设置完成

### 3. 对公招待费用报销单审核要素分析

一般由成本会计肖利华每天抽时间对当天产生的对公招待费用报销单进行审核, 其审核对公费用报销单的要点可以参考一般费用审核要点, 注意找到对公费用报销的与众不同之处, 其总结如表 4-17 所示。

表 4-17　对公费用报销单审核规划

| 校验点名称 | 校验要求 |
| --- | --- |
| 人工参与 | 参与 |
| 审核人 | xlh 学号 |
| 发票抬头校验 | 发票抬头必须为公司名称 |
| 发票真伪校验 | 发票为真发票 |
| 发票金额校验 | 报销金额和发票金额一致 |

### 4. 进入智能财务规划教学平台设置对公招待费用报销单审核规划

进入智能财务规划教学平台, 依次点击【报销机器人】—【报销机器人规划】选项打开报销机器人规划界面, 在该界面可以查看建议的规划的要求。根据企业业务情况设置对公费用报销单审核规则, 如图 4-60～图 4-64 所示。

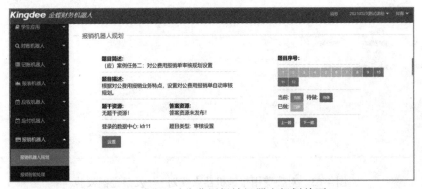

图 4-60　进入对公费用报销机器人规划首页

图 4-61 对公费用报销机器人规划——发票抬头校验

图 4-62 对公费用报销机器人规划——发票真伪校验

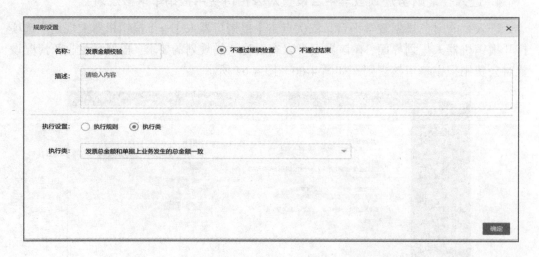

图 4-63 对公费用报销机器人规划——发票金额校验

图 4-64　对公费用报销单填写审核人信息保存设置

## 拓展挑战

请根据本信息化系统费用报销要求，自行设置报销广告费报销单填制与审核的智能规划方案并运行校验。

## 复习思考

（1）对公费用报销智能规划一般流程是什么？

（2）对公费用报销智能审核规划需要注意哪些要点？

### 4.4.3　对公费用报销智能规划应用

## 应用场景

调用报销机器人对 2 月对公报销业务进行招待费用报销单填制、审核处理。

## 案例资料

2021 年 2 月 26 日，秦义完成一场新品发布会（高峰论坛）市场活动，需要报销后支付给公关公司，款项打至对公账号，调用报销机器人填写对公招待费用报销单。原始单据如图 4-65 和图 4-66 所示。

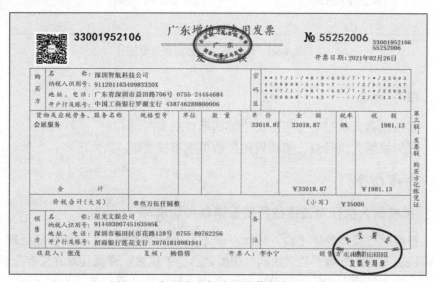

图 4-65　与星光文娱公司增值税专用发票

# 服务合同

合同编号：FW202102002

客户方（甲方）：深圳智航科技公司
服务方（乙方）：星光文娱公司

甲乙双方本着互相信任，真诚合作的原则，经双方友好协商，就乙方为甲方提供技术服务达成一致意见。

一、服务内容、方式和要求：

| 序号 | 服务内容 | 服务承诺 | 交付标准 |
|---|---|---|---|
| 1 | 提供会议场所 | 服务价格低于市场平均价格 | 会议场所容纳量需达50人 |
| 2 | 营销推广实施 | 遵守国家法律法规进行营销推广 | 营销推广方案 |
| | | | |
| | | | |
| | | | |

二、本合同于 2021 年 2 月26 日签订，有效期 1 月，合同期满自动中止。

三、工作条件和协作事项
甲方有义务给乙方提供办公环境，并根据乙方要求准备资料；乙方负责根据服务内容和服务承诺对甲方进行服务支持；乙方按交付标准完成服务后，甲方出具验收证明给乙方。

四、付款方式
1、合同付款货币为 人民币 ，服务费总金额为 10000 ，税率为 13 ；
2、甲方按以下条款支付服务费：

| 序号 | 付款时间 | 付款方式 | 付款金额 | 备注 |
|---|---|---|---|---|
| 1 | 2021-3-26 | 电汇 | 10000 | |
| | | | | |
| | | | | |

五、本合同一式两份，甲乙双方各执一份，合同签字盖章后有效。

客户方（盖章）
公司代表：李宏亮
公司地址：深圳市益田路706号
开户银行：中国工商银行罗湖支行
开户账号：438746288800006
日期：2021年2月26日

服务方（盖章）
公司代表：孙高
公司地址：深圳市福田区布花路128号
开户银行：招商银行莲花支行
开户账号：39701810981941
日期：2021年2月26日

图 4-66 与星光文娱公司服务合同

## 任务内容

（1）报销机器人执行对公招待费用报销单自动填写。

（2）报销机器人执行对公招待费用报销单据审核处理。

## 应用指导

### 1. 报销机器人执行对公招待费用报销单自动填写

进入智能财务规划教学平台，依次点击【报销机器人】—【报销智能处理】选项，打开报销机器人智能处理界面，找到对应的题目，下载题干资源获取并保存原始票据图像，单击【智能处理】按钮，启动机器人自动进行报销处理，如图 4-67 所示。

图 4-67　报销机器人执行对公招待费用报销单自动填写

## 2. 报销机器人执行对公招待费用报销单据审核处理

进入智能财务规划教学平台，依次点击【报销机器人】—【报销智能处理】选项，打开报销机器人智能处理界面，找到对应的题目，启动机器人自动进行报销审核处理，同时成本会计做最后的确认审核是否通过，如图 4-68 和图 4-69 所示。

图 4-68　报销机器人执行对公招待费用报销单据审核处理

图 4-69　报销机器人执行对公招待费用报销单据审核处理结果

📑 **拓展挑战**

2021 年 2 月 19 日，根据猎头公司与我司签订的招聘协议，招聘高级人员需付费 1 万元，该人员目前已入职，秦义获取猎头公司开具的招聘费发票，调用报销机器人填写对公招待费用报销单。

📑 **复习思考**

对公费用报销智能化处理应用过程中，如果出现运行错误提示应该怎么处理？

# 4.5 物品采购费用报销智能处理

## 4.5.1 物品采购费用报销信息化处理

🔡 **应用场景**

为了处理深圳智航科技公司的物品采购费用报销业务，需要在系统完成物品采购招待费用报销单的填制与审核。

🔡 **案例资料**

2021 年 1 月 3 日，秦义在天猫（作为零星采购）上购买 50 件文化衫，填写物品采购报销单，由成本会计肖利华审核该报销单。原始单据如图 4-70 所示。

视频 4.7 物品采购费报销信息化处理

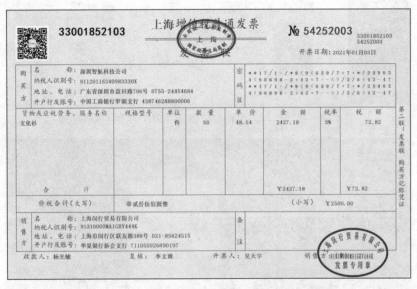

图 4-70 与上海闵行贸易有限公司增值税普通发票

🔡 **任务内容**

（1）物品采购报销单填制、提交。

（2）物品采购报销单审核。

## 🔠 应用指导

### 1. 物品采购报销单填制、提交

在 EAS 登录界面，选择教师规定的数据中心，用户名为"qy 学号"，无密码，单击【登录】按钮，进入 EAS 操作界面。

点击右上角工具栏的【应用】按钮后，依次点击【财务会计】—【费用管理】—【费用报销】—【报销工作台】按钮，进入报销工作台查询界面。在自助报销服务处，单击工具栏的【物品采购报销单】按钮，进入物品采购报销单新增界面，如图 4-71 所示。

图 4-71　物品采购报销单

按照实验数据录入物品采购报销单，选择申请日期为 2021-01-03，选择收款人类型为其他，收款人为秦义，确认对应的收款银行和收款人账号，输入事由为"购买 50 件文化衫"，选择费用类型为员工文化衫，发生时间为 2021-01-03，输入单价为 50 元，数量为 50 件，确认报销金额为 2 500 元，确认所有信息无误后，单击【保存】—【提交】按钮，如图 4-72 所示。

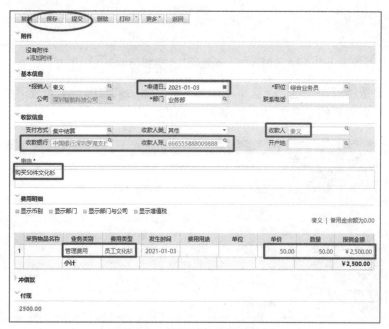

图 4-72　物品采购报销单填制

返回报销工作台界面，可以看到已提交的物品采购报销单，如图 4-73 所示。

图 4-73　物品采购报销单提交

### 2. 物品采购报销单审核

提交成功物品采购报销单后，单击网页版的 EAS 的【安全退出】按钮，选择教师规定的数据中心，输入用户名"xlh 学号"，无密码，然后单击【登录】按钮，进入 EAS 系统操作界面。单击右上角的工具栏的【流程】按钮，选择刚才提交的物品采购报销单，单击【处理】按钮，进入审批单据界面，如图 4-74 所示。

图 4-74　处理物品采购报销单

根据企业费用管理规范，确认审批通过，提交物品采购报销单完成审批流程，审批完成后则物品采购报销业务完结，如图 4-75 所示。

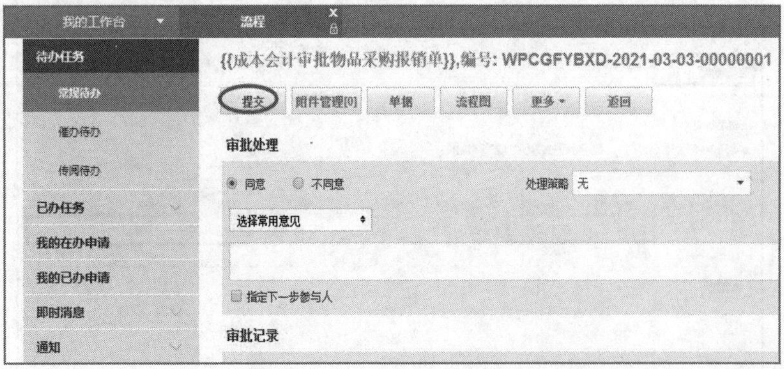

图 4-75　物品采购报销单审核

依次点击【财务会计】—【费用管理】—【费用核算】—【物品采购报销单】选项，进入物品采购报销单查询界面，如图 4-76 所示。

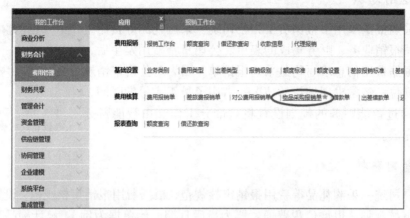

图 4-76　查看已审核物品采购报销单

进入物品采购报销单查询界面，展开过滤条件，选择日期为自定义，日期范围为 2021-01-01—2021-01-31，单击【确定】按钮后，可以查询到单据状态为已审核的物品采购报销单，如图 4-77 所示。

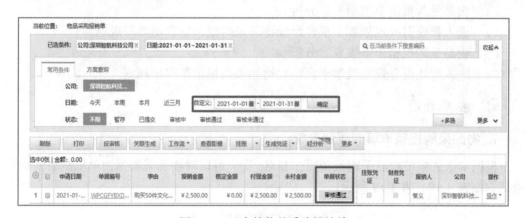

图 4-77　已审核物品采购报销单

**注意**：在进入报销工作台时应该选择物品采购报销单。

### 拓展挑战

2021 年 1 月 8 日，王珊在京东（作为零星采购）上购买 60 件企业员工文化衫，每件单价 60 元，填写物品采购报销单，由成本会计肖利华审核该报销单。请进行该笔业务报销单的填制和审核。

### 复习思考

（1）如何录入物品采购报销单？

（2）进行物品采购报销单审核时是否需要切换账号？

### 4.5.2　物品采购费用报销智能规划设置

#### ⧉ 应用场景

物品采购报销单用于报销员工为公司统一采购礼品等费用，是一个公司报销业务、财务集成的表单。公司日常费用发生后，需要员工根据费用信息填写物品采购报销单，因为对公司报销规范理解不到位，经常出现填错的情况，占用了员工大量的时间，员工希望通过智能财务的规划设置将该部分工作交由智能财务机器人来完成。

视频 4.8　物品采购费用报销智能规划设置

#### ⧉ 案例资料

梳理公司统一采购礼品等费用报销审核规范，根据费用报销审核规范，设置费用报销单自动审核规划（以增值税普通发票为最后日期原始单据为例），设计物品采购报销单填制与审核智能规划，并将完成的机器人规划应用到真实业务中以验证机器人执行的正确性。

#### ⧉ 任务内容

（1）物品采购报销单填制要素分析。
（2）进入智能财务规划教学平台设置物品采购报销单自动填写规划。
（3）物品采购报销单审核要素分析。
（4）进入智能财务规划教学平台设置物品采购报销单审核规划。

#### ⧉ 应用指导

**1. 物品采购报销单填制要素分析**

根据本信息系统物品采购报销操作要点，我们可以对物品采购报销单填制要素进行总结，如表 4-18、表 4-19 所示。

表 4-18　物品采购报销单规划——整体规划

| 多张票据 | 单据信息参考一张票据 |
| --- | --- |
| 制单人 | qy 学号 |
| 票据识别校验 | 校验 |
| 票据排序 | 增值税发票：2；增值税专用发票：1 |

表 4-19　物品采购报销单规划——增值税普通发票

| 申请日期 | ${增值税发票.开票日期}+3 |
| --- | --- |
| 收款人类型 | '其他' |
| 收款人 | '秦义' |
| 事由 | '员工垫付物品采购报销：'+${增值税发票.货物或应税劳务名称} |
| 采购物品 | ${增值税发票.货物或应税劳务名称} |
| 费用类型 | '礼品费' |
| 发生日期 | ${增值税发票.开票日期} |

续表

| 申请日期 | \${增值税发票.开票日期}+3 |
| --- | --- |
| 不含税单价 | \${增值税发票.单价} |
| 数量 | \${增值税发票.数量} |
| 开票日期 | \${增值税发票.开票日期} |
| 税率 | \${增值税发票.税率}-'%' |

### 2. 进入智能财务规划教学平台设置物品采购报销单自动填写规划

进入智能财务规划教学平台，依次点击【报销机器人】—【报销机器人规划】打开报销机器人规划界面，在该界面可以查看建议的规划的要求（表 4-18、表 4-19）。根据企业业务情况设置物品采购报销单填单规则，如图 4-78～图 4-80 所示。

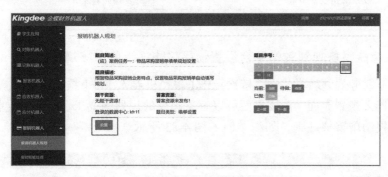

图 4-78　物品采购报销单填制规划界面

图 4-79　物品采购报销单填制规划界面表头

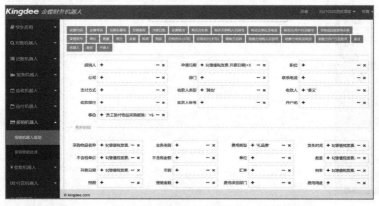

图 4-80　物品采购报销单填制规划设置详细界面

### 3. 物品采购报销单审核要素分析

一般由成本会计肖利华每天抽时间对当天产生的物品采购报销单进行审核,其审核物品采购报销单的要点可以参考一般费用审核要点,注意找到物品采购报销的与众不同之处,总结如表 4-20 所示。

表 4-20　物品采购报销单审核规划

| 校验点名称 | 校验要求 |
| --- | --- |
| 人工参与 | 参与 |
| 审核人 | xlh 学号 |
| 发票抬头校验 | 发票抬头必须为公司名称 |
| 发票真伪校验 | 发票为真发票 |
| 发票金额校验 | 报销金额和发票金额一致 |

### 4. 进入智能财务规划教学平台设置物品采购报销单审核规划

进入智能财务规划教学平台,依次点击【报销机器人】—【报销机器人规划】选项,打开报销机器人规划界面,在该界面可以查看建议的规划的要求。根据企业业务情况设置物品采购报销单审核规则,如图 4-81～图 4-83 所示。

图 4-81　物品采购报销机器人规划首页

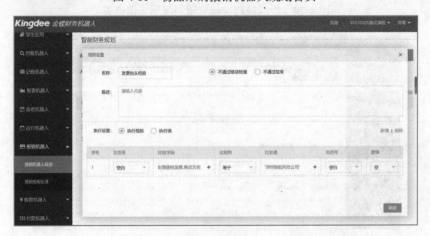

图 4-82　物品采购报销机器人规划——发票抬头校验

图 4-83　物品采购报销单填写审核人信息保存设置

📖 **拓展挑战**

2021 年 2 月 18 日，秦义在京东上购买 5 个扫地机器人作为部门优秀员工的奖品，调用报销机器人填写物品采购报销单。

📖 **复习思考**

物品采购报销单与普通费用报销单中有哪些信息必然是不同的？

### 4.5.3　物品采购费用报销智能规划应用

🔡 **应用场景**

调用费用报销机器人对 2 月物品采购费用报销业务进行费用报销单填制、审核处理。

🔡 **案例资料**

2021 年 2 月 17 日，秦义在京东上购买 10 个充电宝作为部门活动奖励礼品，调用报销机器人填写物品采购报销单。

🔡 **任务内容**

（1）报销机器人执行物品采购报销单自动填写。
（2）报销机器人执行物品采购报销单据审核处理。

🔡 **应用指导**

**1. 报销机器人执行招待物品采购报销单自动填写**

进入智能财务规划教学平台，依次点击【报销机器人】—【报销智能处理】选项，打开报销机器人智能处理界面，找到对应的题目，选择题干资源获取并保存原始图像，单击【智能处理】按钮，启动机器人自动进行报销处理，如图 4-84 所示。

图 4-84　报销机器人执行招待物品采购报销单自动填写

### 2. 报销机器人执行物品采购报销单据审核处理

进入智能财务规划教学平台，依次点击【报销机器人】—【报销智能处理】选项，打开报销机器人智能处理界面，找到对应的题目，启动机器人自动进行报销审核处理，同时成本会计做最后的确认审核是否通过，如图 4-85 所示。

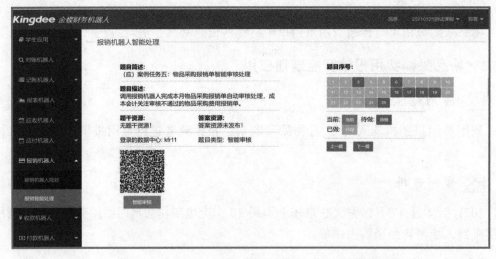

图 4-85　报销机器人执行物品采购报销单据审核处理

### 拓展挑战

物品采购报销单审核通过后，当月不付款，因此总账会计聂小莉需要对审核通过的物品采购报销单进行挂账处理，聂小莉希望通过智能财务的规划设置，将该部分工作交由智能财务机器人来完成。请尝试自行完成物品采购报销挂账单自动规划。

### 复习思考

在费用报销机器人规划中，可以进行哪些类型报销业务的智能填单与审核规划呢？

# 第 5 章

# 出纳管理智能处理

【学习目的与要求】

    本章旨在帮助学生了解出纳管理的基本概念、原则和方法，掌握出纳管理的核心内容和技巧，以及了解出纳管理在信息安全战略中的重要性，培养学生领会信息安全战略重要性，强化责任担当。

    通过本章学习，要求学生通过智能财务系统独立完成出纳管理业务；了解出纳管理的基本概念和原则，包括出纳职责、出纳操作规范、资金收付、凭证管理等内容；理解出纳管理的方法和技巧，掌握如何制定和实施出纳管理制度、如何进行资金收付管理、如何正确处理日常出纳业务等；掌握出纳管理的核心内容，包括出纳业务的分类、资金收付管理、资金监督管理、账务处理等；形成独立思考和分析问题的能力，培养责任担当的精神，遵守职业道德规范，保护公司利益和客户隐私。具体来说，学生需要了解出纳管理的含义、职责和工作流程，理解资金管理、安全保障和风险控制的重要性，掌握现金收付、银行结算、账务处理等操作技巧，并能够应对各种突发事件，如盗窃、伪造等。

## 5.1　出纳实务认知

    出纳管理是一种财务管理方法，主要职责是掌握企业现金收支记录和银行存款情况，负责组织、监控和管理企业的现金流。这种管理方法涉及处理现金、支票和其他货币交易以及与这些交易相关的记录和报告。出纳管理旨在确保组织的现金流动和资金使用符合预算和财务策略，同时最大化利润并最大限度地减少风险和损失。

    出纳管理的主要职责如下。

    （1）收集和处理组织的现金和支票：出纳员通常会处理所有与现金有关的交易，包括现金存款、现金支出、支票存款和支票兑现等。

    （2）管理银行账户和信用卡：出纳员负责监控企业的银行账户、信用卡和其他资金账户，确保所有的交易都符合预算和财务策略。

    （3）记录和监控所有现金流动：出纳员必须记录和监控所有的现金流动，以便能够随时知道企业的财务状况，并且及时采取措施解决问题。

    （4）执行银行和财务交易：出纳员负责执行所有的银行和财务交易，包括付款、转账、存款、提款和兑现等。

（5）定期生成财务报告和账单：出纳员必须定期生成财务报告和账单，以便企业的高层管理层了解企业的财务状况，并作出决策。

总之，出纳管理对于确保企业财务稳定和流程的有效性非常重要，有助于避免错误和欺诈，并确保现金资金的准确性和透明度。在本书中，主要将出纳管理类分为收款业务管理和付款业务管理。

### 5.1.1 收款业务管理

本书中将智能财务收款业务分为三部分，分别是政府补贴收款、银行贷款收款、货款收款。

（1）政府补贴收款：政府补贴收款是指政府向特定对象或机构提供的经济援助，这些援助可以用于补贴特定行业或社会群体的运营费用或者生活费用等。政府补贴通常以现金或转账的方式发放，收款方通常是特定的企业或个人。在政府补贴收款的过程中，一般需要填写相应的申请表格，提供相关的资料和证明文件。政府机构会根据审核结果决定是否给予补贴，并在确认后将款项直接打入收款方的银行账户。

（2）银行贷款收款：银行贷款收款是指银行向借款人提供的贷款资金，借款人需要在约定的时间内偿还本金和利息。银行贷款收款通常是通过银行转账或支票的方式进行的。在银行贷款收款的过程中，借款人需要提供相应的担保和信用记录，以获得银行的贷款批准。银行在批准贷款后，会将贷款款项直接打入借款人的银行账户。

（3）货款收款：货款收款是指销售商或服务商向购买者收取的货款或服务费用，一般是在商品或服务交付后进行的。在货款收款的过程中，销售商或服务商需要向购买者提供相应的发票或收据，以证明交易的合法性。购买者在确认商品或服务后，将款项支付给销售商或服务商。款项一般会直接打入销售商或服务商的银行账户。

### 5.1.2 付款业务管理

本书中将智能财务付款业务分为七部分，分别是预付款业务、捐款付款、采购付款、业务招待款项、对公费用报销、差旅费用报销、物品采购业务。

（1）预付款业务：预付款业务指企业或组织为了在后续进行业务交易时能够顺利完成，提前支付部分或全部货款的行为。这种行为可以有效地保证交易的顺利进行，也可以提高商业合作伙伴的信任度。预付款业务通常会伴随着一些形式的保障措施，如签署合同、开具收据等。

（2）捐款付款：捐款付款是指向慈善机构、非营利组织、政治组织或其他需要帮助的团体捐赠资金的付款业务。捐款可以用于支持某个具体的项目或是支持整个组织的运作。捐款付款的主要是支付方向收款方提供一定数额的资金，以支持收款方所代表的公益事业。捐款付款通常需要提供相关的捐款证明，如捐款收据等。企业通过捐款可以提高企业社会责任形象，也可以获得税收减免等福利。

（3）采购付款：采购付款是指企业向供应商支付货款的行为。在采购过程中，供应商通常会提供货物和服务，企业则需要支付相应的货款。采购付款通常需要开具相应的发票和付款凭证，如银行转账记录等。

（4）业务招待款项：业务招待款项是指企业为了推动业务、增进合作伙伴关系而进行的招待客户、供应商等相关人员的行为。这种行为通常会涉及餐费、住宿费等费用，并需要提供相应的报销凭证，如发票、收据等。

（5）对公费用报销：对公费用报销是指企业为公务目的支出的费用，如办公用品、邮寄费用、水电费等，由员工先行垫付，企业通过审核后报销的行为。对公费用报销需要提供相应的报销凭证，如发票、收据等。

（6）差旅费用报销：差旅费用报销是指企业因为出差需要支出的费用，如交通费、住宿费、餐费等，由员工先行垫付，企业通过审核后报销的行为。差旅费用报销需要提供相应的报销凭证，如机票、火车票、酒店发票、餐厅发票等。

（7）物品采购业务：物品采购业务是指企业为办公、生产等需要，从外部采购物品的行为。物品采购通过询价、招投标等方式进行，企业在确定供应商后支付相应的货款，并提供相应的发票和付款凭证。

出纳管理的主要内容如图 5-1 所示。

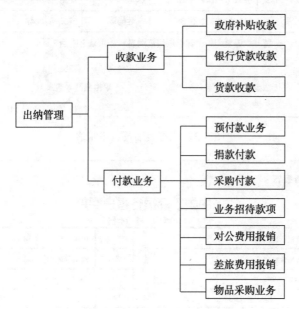

图 5-1　出纳管理业务图

# 5.2　收款业务智能处理

## 5.2.1　政府补贴收款信息化处理

### 🔲🔲 应用场景

为了处理深圳智航科技公司的其他应收款（政府补贴）业务，需要在系统完成收款单（政府补贴）的填制与审核。

视频 5.1　政府补贴收款信息化处理

### 🔲🔲 案例资料

2021 年 1 月 10 日公司收到政府对创新企业的补贴 100 万元,由出纳李兴作收款单,财务经理邓永彬审核。原始单据如图 5-2 和图 5-3 所示。

## 政府奖励资金申报表

深圳市人民政府：

　　我司于 2020 年获得 4 项创新成果、8 项微创新项目，依据《关于 2020 年度国家对创新企业奖励的通知》本单位符合政府奖励资金申报的条件，特此向深圳市人民政府申报。

　　本单位基本信息如下：

| 企业名称 | 深圳智航科技公司 | 申报奖励金额 | 200000 元 |
| --- | --- | --- | --- |
| 法人代表 | 李宏亮 | 申报奖项 | 《企业专利技术奖励》 |
| 企业开户行 | 中国工商银行罗湖支行 | 联系人 | 邓永彬 |
| 账号 | 438746288800006 | 电话号码 | 0755-83064873 |

营业执照复印件、奖励项目证明材料、承认书附后。

法定代表人签字：李宏亮　　　　　　单位名称（盖章）：

2021 年 01 月 15 日

图 5-2　政府奖励资金申报表

## 中国工商银行客户回单

ICBC 中国工商银行

凭证号码：1　　　　　　2021 年 1 月 10 日

| 付款人 | 开户银行 | 中国农业银行深圳支行 | | | 收款人 | 开户银行 | 中国工商银行罗湖支行 | | |
| --- | --- | --- | --- | --- | --- | --- | --- | --- | --- |
| | 名称 | 深圳市人民政府 | | | | 名称 | 深圳智航科技公司 | | |
| | 账号 | 625276778798989 | | | | 账号 | 438746288800006 | | |
| 发报行行号 | | | 汇出行行号 | | 收报行行号 | | | 汇入行行号 | |
| 委托日期 | 20210110 | 入账日期 | 20210110 | | 业务种类 | | | 业务序号 | |
| 金额（大写） | 人民币：壹佰万圆整 | | | | 金额（小写） | RMB：1000000 | | | |
| 用途摘要 | 政府补贴 | | | | 报文种类 | | | | |
| 备注 | 摘要：政府补贴<br>附言：政府对创新企业的补贴<br><br>时间戳：2021-1-10-13.49.07004930 | | | | 中国工商银行<br>电子回单专用章<br>ebank<br>银行盖章 | | | | |
| 经办柜员：张欢 | | 复核柜员： | | 打印柜员： | | | 状态： | | |

补打次数：1
流水号：12345678901

借方回单

图 5-3　中国工商银行客户回单

## ⬚⬚ 任务内容

（1）收款单（政府补贴）填制、提交。

（2）收款单（政府补贴）审核。

⊞ **应用指导**

**1. 收款单（政府补贴）填制、提交**

在 EAS 登录界面，选择教师规定的数据中心，用户名为"lx 学号"，无密码，单击
【登录】按钮，进入 EAS 操作界面，如图 5-4 所示。

图 5-4　登录 EAS

单击右上角工具栏的【应用】按钮后，依次点击【财务会计】—【出纳管理】—【收
付款处理】—【收款单处理】选项，进入收款单查询界面，如图 5-5 所示。

图 5-5　收款单处理

在收款单查询界面，单击工具栏的【新增】按钮进入收款单新增界面，如图 5-6 所示。

图 5-6 收款单新增

按实验数据录入收款单,选择业务日期为 2021-01-10,收款类型为政府补贴,收款账户为工商银行罗湖支行,收款科目为银行存款,选择往来类型为其他,输入付款单位为深圳市人民政府,输入金额为 100 万元,选择对方科目为营业外收入,确认所有信息无误后,单击【保存】—【提交】按钮,如图 5-7、图 5-8 所示。

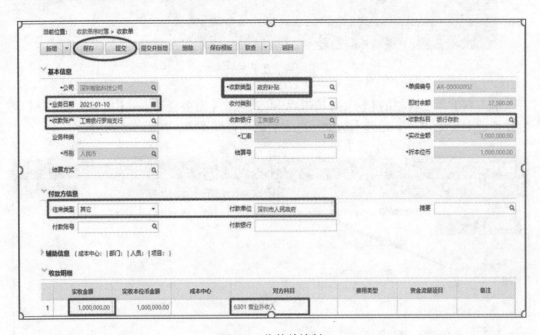

图 5-7 收款单填制

图 5-8 收款单提交

**2. 收款单（政府补贴）审核**

切换用户至"dyb 学号"登录 EAS 系统，进行单据审批。

单击右上角的工具栏的【流程】按钮，选择刚才提交的收款单，单击【处理】按钮，进入审批单据界面，如图 5-9 所示。

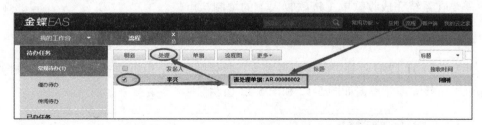

图 5-9　收款单处理

根据企业收款业务规范，确认审批通过，提交收款单完成审批流程，审批完成后则收款业务完结，如图 5-10 所示。

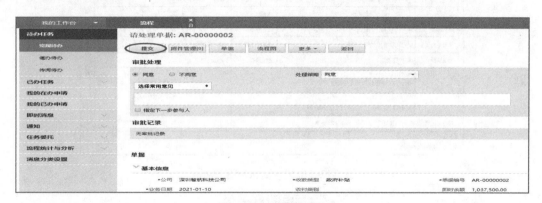

图 5-10　收款单审核

返回收款单查询界面，可以看到已经审核成功的收款单，单据状态为已审批，如图 5-11 所示。

图 5-11　已审核收款单

### 5.2.2 银行贷款收款信息化处理

#### 应用场景

为了处理深圳智航科技公司的其他应收款（贷款收入）业
务，需要在系统完成收款单（贷款收入）的填制与审核。

视频 5.2 银行贷款收款
信息化处理

#### 案例资料

2021 年 1 月 12 日收到工商银行罗湖支行提供的贷款，由出纳李兴作收款单，财务经
理邓永彬审核。原始单据如图 5-12 和图 5-13 所示。

| ICBC 中国工商银行 | | | | | | | |
|---|---|---|---|---|---|---|---|
| | **中国工商银行客户回单** | | | | | | |
| 凭证号码：2 | | 2021 年 1 月 12 日 | | | | | 借 |
| 付款人 | 开户银行 | 工商银行罗湖支行 | | 收款人 | 开户银行 | 中国工商银行罗湖支行 | 方 |
| | 名称 | 工商银行罗湖支行 | | | 名称 | 深圳智航科技公司 | 回 |
| | 账号 | 689898787876554 | | | 账号 | 438746288800006 | 单 |
| 发报行行号 | | 汇出行行号 | | 收报行行号 | | 汇入行行号 | |
| 委托日期 | 20210112 | 入账日期 | 20210112 | 业务种类 | | 业务序号 | |
| 金额（大写） | 人民币：贰佰伍拾万圆整 | | | 金额（小写） | RMB：2500000 | | |
| 用途摘要 | 银行贷款 | | | 报文种类 | | | |
| 备注 | 摘要：银行贷款 附言：工商银行罗湖支行提供贷款 时间戳：2021-1-12-21.23.09008881 | | | 中国工商银行 电子回单专用章 ebank 银行盖章 | | | |
| 经办柜员：淇淇 | | 复核柜员： | 打印柜员： | | | | |
| 补打次数： | | | | 状态： | | | |
| 流水号：12345678902 | | | | | | | |

图 5-12 中国工商银行客户回单

**工商银行贷款合同**

贷款方：工商银行罗湖支行

地址：广东省深圳市罗湖区人民南路 3005 号

邮编：518021　　　电话：0755-63164735

借款方：深圳智航科技公司

银行账号：438746288800006（工商银行罗湖支行）

地址：广东省深圳市益田路 706 号

邮编：518051　　　电话：0755-24454684

根据《中华人民共和国合同法》的规定，经贷款方、借款方、担
保方协商一致，签订本合同，共同信守。

第一条　贷款种类：短期贷款

第二条　借款金额（大写）：贰佰伍拾万元整

第三条　借款利率：借款利率为年息 0.03%，按年收息，利随本
清。

第四条　借款期限：借款期限自 2021 年 01 月 11 日起，至 2022
年 01 月 11 日止，借款实际发放于合同次日一次性发放。

第五条　本合同经双方签字生效。

贷款方：　　　　　　　　借款方：

代表人签字：　　　　　　代表人签字：

图 5-13 工商银行贷款合同

## 任务内容

（1）收款单（贷款收入）填制、提交。
（2）收款单（贷款收入）审核。

## 应用指导

### 1. 收款单（贷款收入）填制、提交

在 EAS 登录界面，选择教师规定的数据中心，用户名为"lx 学号"，无密码，单击【登录】按钮，进入 EAS 操作界面。

单击右上角工具栏的【应用】按钮后，依次点击【财务会计】—【出纳管理】—【收付款处理】—【收款单处理】选项，进入收款单查询界面。

在收款单查询界面，单击工具栏的【新增】按钮进入收款单新增界面。

按实验数据录入收款单，选择业务日期为 2021-01-12，收款类型为贷款收入，收款账户为工商银行罗湖支行，收款科目为银行存款，选择往来类型为其他，输入付款单位为工商银行罗湖支行，输入金额为 250 万元，选择对方科目为短期借款，确认所有信息无误后，单击【保存】—【提交】按钮，如图 5-14 所示。

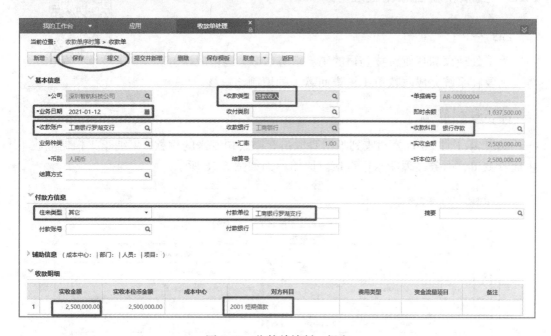

图 5-14　收款单填制、提交

### 2. 收款单（贷款收入）审核

切换用户至"dyb 学号"进行单据审批。单击右上角工具栏的【流程】按钮，选择刚才提交的收款单，单击【处理】按钮，进入审批单据界面，如图 5-15 所示。

根据企业收款业务规范，确认审批通过，图 5-15 提交收款单完成审批流程，审批完成后则收款业务完结。

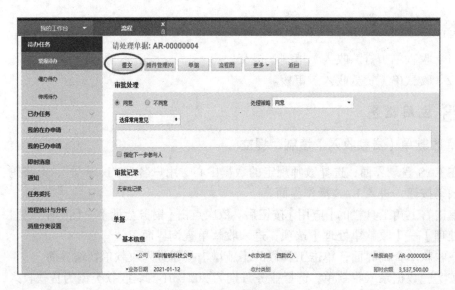

图 5-15    收款单提交审核

### 5.2.3    货款收款信息化处理

**应用场景**

为了处理深圳智航科技公司的销售业务收款（销售回款）业务，需要在系统完成收款单（销售回款）的填制与审核。

视频 5.3    货款收款信息化处理

**案例资料**

2021 年 1 月 26 日公司收到哈博森股份有限公司发来的货款，出纳李兴根据应收单生成收款单，财务经理邓永彬审核。原始单据如图 5-16 所示。

| | ICBC 中国工商银行 | | | | | | | |
|---|---|---|---|---|---|---|---|---|
| | | | **中国工商银行客户回单** | | | | | |
| 凭证号码：3 | | | 2021 年  1 月  26 日 | | | | | |
| 付款人 | 开户银行 | 宁波银行长沙分行 | | 收款人 | 开户银行 | 中国工商银行罗湖支行 | | 借方回单 |
| | 名称 | 哈博森股份有限公司 | | | 名称 | 深圳智航科技公司 | | |
| | 账号 | 3992329492020394 | | | 账号 | 438746288800006 | | |
| 发报行行号 | | | 汇出行行号 | | 收报行行号 | | 汇入行行号 | |
| 委托日期 | 20210126 | 入账日期 | 20210126 | 业务种类 | | 业务序号 | | |
| 金额（大写） | 人民币：肆仟伍佰贰拾圆整 | | | 金额（小写） | RMB:45200 | | | |
| 用途摘要 | 销售回款 | | | 报文种类 | | | | |
| 备注 | 摘要：销售回款  附言：哈博森1月货款  时间戳：2021-1-26-10.16.08880796 | | | | | 中国工商银行  电子回单专用章  ebank  银行盖章 | | |
| 经办柜员：杨华玲 | | 复核柜员： | | 打印柜员： | | | | |
| 补打次数：  流水号：12345678903 | | | | | | 状态： | | |

图 5-16    中国工商银行哈博森股份有限公司银行回单

## ⊞⊞ 任务内容

（1）收款单（销售回款）填制、提交。

（2）收款单（销售回款）审核。

## ⊞⊞ 应用指导

### 1. 收款单（销售回款）填制、提交

在 EAS 登录界面，选择教师规定的数据中心，用户名为"lx 学号"，无密码，单击登录按钮，进入 EAS 操作界面。

单击右上角工具栏的【应用】按钮后，依次点击【财务会计】—【应收管理】—【应收业务处理】—【应收单维护】选项，进入应收单查询界面，如图 5-17 所示。

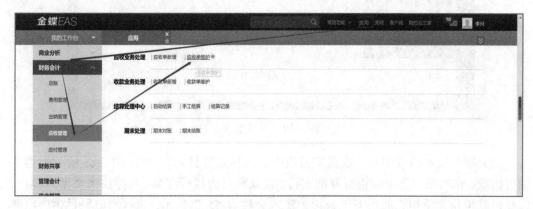

图 5-17　应收单维护

在应收单查询界面，选择【方案查询】标签，选择时间介于 2021-01-01—2021-01-31，单击【查询】按钮，显示 1 月全部的应收单，如图 5-18 所示。

图 5-18　应收单查询

按实验数据选择哈博森股份有限公司的应收单，单击【关联生成】按钮，选择目标单据为收款单，如图 5-19 所示。

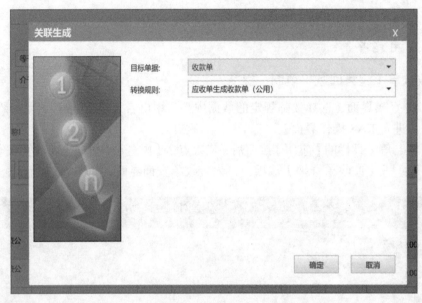

图 5-19　关联生成

在关联生成的收款单中，根据实验数据，选择业务日期为 2021-01-26，收款类型为销售回款，收款账户为工商银行罗湖支行，收款科目为银行存款，选择往来类型为客户，选择付款单位为哈博森股份有限公司，输入金额为 45 200 元，选择对方科目为应收账款，确认所有信息无误后，单击【保存】—【提交】按钮，如图 5-20 所示。

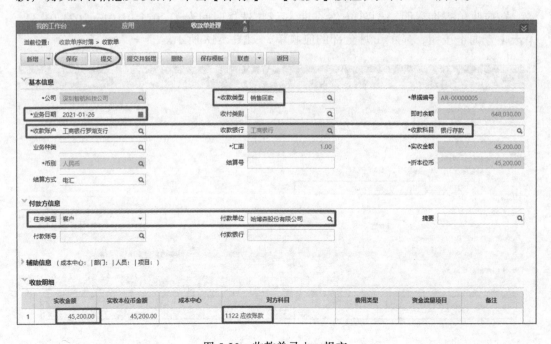

图 5-20　收款单录入、提交

**2. 收款单（销售回款）审核**

切换用户至"dyb 学号"进行单据审批。单击右上角的工具栏的【流程】按钮，选择刚才提交的收款单，单击【处理】按钮，进入审批单据界面。

根据企业收款业务规范，确认审批通过，提交收款单完成审批流程，审批完成后则收款业务完结。

返回收款单查询界面，可以看到已经审核成功的收款单，单据状态为已审批，如图 5-21 所示。

图 5-21　截至当前已审批的收款单

**注意**：企业收款可分为两大类：一类是销售业务收款，另一类是其他收款。其他业务收款与销售业务收款都是对外收款业务，均通过收款单进行处理。

1）销售业务收款

销售业务收款，对应日常销售业务的收款处理，包括预收款与销售收款，销售业务收款通过销售业务类型的收款单进行处理。销售业务收款的收款单，收款用途可以为预收款或者销售收款。

2）其他业务收款

其他业务收款，指除了企业日常销售收款之外的其他所有对外收款业务，其他业务收款的对象类型包括客户、供应商、部门、员工及其他往来单位等。其他业务类型的收款用途包括罚款收入、利息收入、捐赠收入、其他收入等，同时支持用户根据企业实际情况自定义其他收款用途。其他业务收款主要通过相同类型的收款单进行处理。

**拓展挑战**

2021 年 1 月 12 日，公司收到政府对高新技术企业的补贴 120 万元，出纳李兴作收款单，财务经理邓永彬审核。请针对该笔业务进行收款单的填制和审核。

### 复习思考

（1）如何录入收款单（政府补贴）？

（2）进行收款单（政府补贴）审核时是否需要切换账号？

## 5.2.4　收款业务智能规划设置

### 应用场景

视频 5.4　收款业务智能
规划设置

收款是企业经营活动、投资活动和筹资活动实现资金流入的一种表现，企业通过收款完成收益。因此出纳李兴每月都要花比较多的时间根据业务员提供的银行回单及原始票据到系统中作收款单，该工作属于高重复低价值的财务工作，出纳李兴希望通过智能财务的规划设置将该部分高重复的工作交由智能财务机器人来完成。

### 案例资料

根据出纳参考原始票据做收款单的工作习惯，设置收款单填写与审核规划，并将完成的机器人规划用于真实业务中验证机器人执行的正确性。

### 任务内容

（1）收款单填制要素分析。

（2）进入智能财务规划教学平台设置收款单自动填写规划。

（3）收款单审核要素分析。

（4）进入智能财务规划教学平台设置收款单审核规划。

### 应用指导

#### 1. 收款单填制要素分析

信息化系统中的收款业务规律性很强，我们只需在业务开始前对业务操作和区别要点进行详细的归纳总结，找到各种收款业务的相同之处和不同之处，即可根据这些特点进行填单与审核规划设计。本书中以预收款收款单为例，进行收款单自动填单与审核规划，具体规划要点如表 5-1、表 5-2 所示。

表 5-1　收款单规划——整体规划

| 多张票据 | 单据信息参考一张票据 |
| --- | --- |
| 制单人 | lx 学号 |
| 人工核对 | 启用 |
| 票据优先级 | 销售合同：0<br>中国工商银行客户回单：1<br>中国建设银行网上银行电子回执：1<br>增值税专用发票：0<br>增值税发票：0 |

表 5-2　收款单规划（预收款）——中国工商银行客户回单

| 多张票据 | 单据信息参考一张票据 |
| --- | --- |
| 制单人 | lx 学号 |
| 票据识别校验 | 校验 |
| 收款类型 | 预收款 |
| 业务日期 | ${中国工商银行客户回单.入账日期} |
| 收款账户 | '工商银行南山支行' |
| 收款科目 | '1002' |
| 往来类型 | '客户' |
| 付款单位 | ${中国工商银行客户回单.付款人名称} |
| 摘要 | ${中国工商银行客户回单.用途摘要} |
| 付款账号 | ${中国工商银行客户回单.付款人账号} |
| 付款银行 | ${中国工商银行客户回单.付款人开户行} |
| 实收金额 | ${中国工商银行客户回单.金额(小写)}-'RMB：' |
| 对方科目 | '2203' |

## 2. 进入智能财务规划教学平台设置收款单自动填写规划

进入智能财务规划教学平台，依次点击【收款机器人】—【收款机器人规划】选项，打开收款机器人规划界面，在该界面可以查看建议的规划的要求（表 5-1、表 5-2）。根据企业业务情况设置收款单填单规则，如图 5-22 和图 5-23 所示。

图 5-22　收款单填制规划界面表头

图 5-23　收款单填制规划设置详细界面

### 3. 收款单审核要素分析

一般由财务经理邓永斌每天抽时间对当天产生的收款单进行审核，根据财务经理邓永斌审核收款单的操作流程我们可以总结以下思考要点。

（1）在以上业务场景下，本企业收款账户应该是什么，收款信息来源是什么？

（2）本次收款业务的收款金额是多少？

将以上问题总结后，我们可以以表格方式进行每个项目的问题汇总，确认形成智能规划实施参考流程信息，如表 5-3 所示。

**表 5-3　收款单审核规划**

| 校验点名称 | 校验要求 |
| --- | --- |
| 收款账户确认 | 收款单的收款账户为工商银行南山支行 |
| 收款金额确认 | 收款单实收金额 = 银行回单金额 |

### 4. 进入智能财务规划教学平台设置收款单审核规划

进入智能财务规划教学平台，依次点击【收款机器人】—【收款机器人规划】选项，打开收款机器人规划界面，在该界面可以查看建议的规划的要求。根据企业业务情况设置收款单审核规则，如图 5-24～图 5-26 所示。

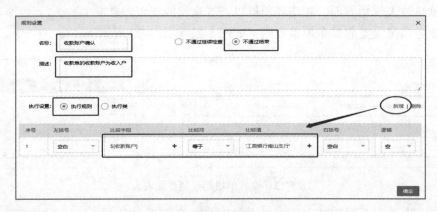

图 5-24　收款账户确认校验点设置

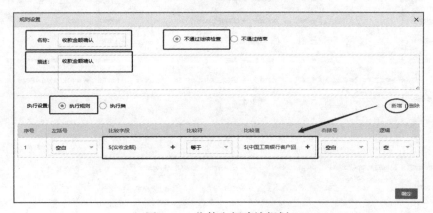

图 5-25　收款金额确认规划

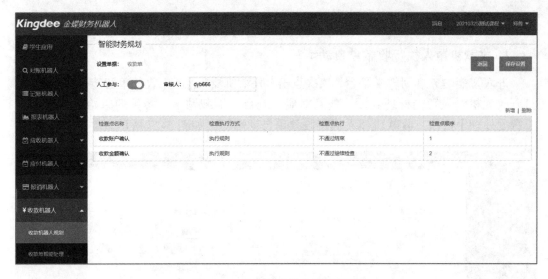

图 5-26　收款单审核人设置界面

## 拓展挑战

请根据财务信息系统中销售直接收款业务（网银收款）的特点，设计该业务收款单智能填制规则，并验证正确性。

## 复习思考

（1）收款单的填制是否会根据收款业务类型的不同而不同？如有不同，会产生哪些不同？

（2）请根据财务信息系统业务操作特点，归纳总结系统中收款单产生的方式有哪些？

### 5.2.5　收款单智能规划应用

## 应用场景

调用收款机器人对 2 月销售预收款业务进行收款单填制、审核处理。

视频 5.5　收款单智能规划应用

## 案例资料

2021 年 2 月 4 日，科亚特股份有限公司要求购买 30 台通用型航拍无人机定制 A 款，当天签订销售合同要求 3 月 10 日发货，客户支付 10 万元作为预收款，出纳根据该业务情况调用收款机器人完成收款单填写。

## 任务内容

（1）收款机器人执行收款单自动填写。

（2）收款机器人执行收款单据审核处理。

## 应用指导

### 1. 收款机器人执行收款单自动填写

进入智能财务规划教学平台，依次点击【收款机器人】—【收款单智能处理】选项，打开收款机器人智能处理界面，找到对应的题目，下载题干资源里的原始单据后单击【智能处理】按钮，收款机器人执行收款单自动填写，如图 5-27 所示。

图 5-27　收款机器人执行收款单自动填写

### 2. 收款机器人执行收款单据审核处理

进入智能财务规划教学平台，依次点击【收款机器人】—【收款智能处理】选项，打开收款机器人智能处理界面，找到对应的题目，单击【智能处理】按钮，执行单据审核处理，如图 5-28 所示。

图 5-28　收款机器人执行收款单据审核处理

📑 **拓展挑战**

公司在上一年度申请的专利符合政府奖励条件，2021 年 2 月 7 日，收到政府奖励 20 万元，出纳调用收款机器人完成收款单填写。

📑 **复习思考**

收款业务智能规划基本流程和注意事项是什么？

## 5.3　付款业务智能处理

### 5.3.1　预付款业务信息化处理

🔳 **应用场景**

为了处理深圳智航科技公司购买特殊原材料的支付预付款业务，需要在系统完成付款单（预付款）的填制与审核。

视频 5.6　预付款业务信息化处理

🔳 **案例资料**

2021 年 1 月 4 日，公司根据与深圳赛格电子有限公司签订的采购合同付款条款，支付给供应商预付款 10 万元，由出纳李兴填写付款单，财务经理邓永彬审核。原始单据如图 5-29 和图 5-30 所示。

**采购合同**

合同编号：CGHT202101003

购货单位（甲方）：深圳智航科技公司
供货单位（乙方）：深圳赛格电子有限公司

本合同由甲、乙双方共同协商，并根据以下各项条款达成一致而签订。
一、产品名称、单位、数量、单价、金额等。

| 序号 | 产品名称 | 单位 | 数量 | 单价 | 金额 |
|---|---|---|---|---|---|
| 1 | 分电板 | 个 | 100 | 3100 | 310000 |
|  |  |  |  |  |  |
|  |  |  |  |  |  |
|  |  |  |  |  |  |
|  |  |  |  |  |  |

| 合计（大写）人民币：叁拾壹万元整 |  |  | （小写） | ￥310000 |
|---|---|---|---|---|

说明：以上单价为含税　单价，税率为 13% 。

二、本合同于 2021 年 1 月 4 日签订。
三、交货确认
　　乙方于 2021 年 3 月 4 日之前交货，甲方于收到货物后两周内完成验收。
四、付款方式
　　1、合同付款货币为 人民币 ，总金额为 310000 ；
　　2、甲方按以下条款支付货款：

| 序号 | 付款时间 | 付款方式 | 付款金额 | 备注 |
|---|---|---|---|---|
| 1 | 2021-1-4 | 电汇 | 100000 | 提供银行回单 |
| 2 | 2021-3-4 | 电汇 | 210000 | 提供银行回单 |

五、本合同一式两份，甲乙双方各执一份，合同签字盖章后生效。

购货方（盖章）
公司代表：李宏嵩
公司地址：深圳市益田路706号
开户银行：中国工商银行罗湖支行
开户账号：438746288800006
日期：2021年1月4日

供货方（盖章）
公司代表：黄朝山
公司地址：深圳市龙华区明智大道706号
开户银行：中国工商银行龙华支行
开户账号：356014200010401136
日期：2021年1月4日

图 5-29　与深圳赛格电子有限公司的采购合同

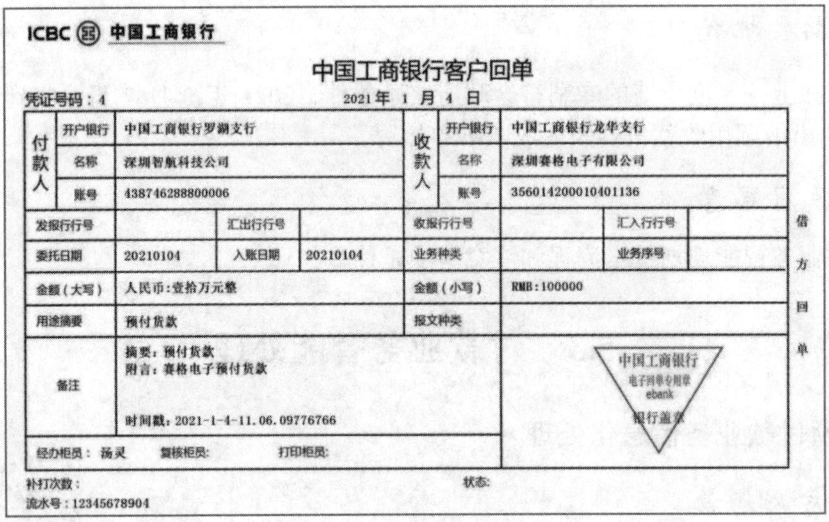

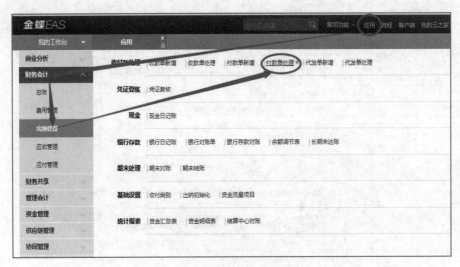

ICBC 中国工商银行

中国工商银行客户回单

凭证号码：4　　2021 年 1 月 4 日

| | | | | | | | |
|---|---|---|---|---|---|---|---|
| 付款人 | 开户银行 | 中国工商银行罗湖支行 | | 收款人 | 开户银行 | 中国工商银行龙华支行 | |
| | 名称 | 深圳智航科技公司 | | | 名称 | 深圳赛格电子有限公司 | |
| | 账号 | 438746288800006 | | | 账号 | 356014200010401136 | |
| 发报行行号 | | 汇出行行号 | | 收报行行号 | | 汇入行行号 | |
| 委托日期 | 20210104 | 入账日期 | 20210104 | 业务种类 | | 业务序号 | |
| 金额（大写） | 人民币:壹拾万元整 | | | 金额（小写） | RMB:100000 | | |
| 用途摘要 | 预付货款 | | | 报文种类 | | | |
| 备注 | 摘要：预付货款<br>附言：赛格电子预付货款<br>时间戳：2021-1-4-11.06.09776766 | | | | 中国工商银行 电子回单专用章 ebank 银行盖章 | | |
| 经办柜员：扬灵 | 复核柜员： | 打印柜员： | | | | | |

借方回单

补打次数：　　状态：

流水号：12345678904

图 5-30　中国工商银行深圳赛格电子有限公司银行回单

## 任务内容

（1）付款单（预付款）填制、提交。

（2）付款单（预付款）审核。

## 应用指导

### 1. 付款单（预付款）填制、提交

在 EAS 登录界面，选择教师规定的数据中心，用户名为“lx 学号”，无密码，单击【登录】按钮，进入 EAS 操作界面。单击右上角工具栏的【应用】按钮后，依次点击【财务会计】—【出纳管理】—【收付款处理】—【付款单处理】选项，进入付款单查询界面，如图 5-31 所示。

图 5-31　付款单处理

在付款单查询界面，单击工具栏的【新增】按钮进入付款单新增界面，如图 5-32 所示。

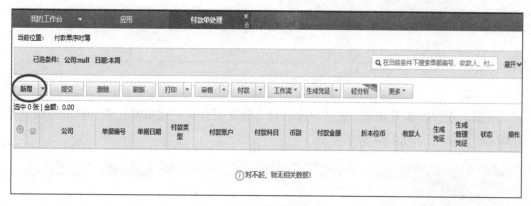

图 5-32　付款单新增

按实验数据录入付款单，选择业务日期为 2021-01-04，付款类型为预付款，付款账户为工商银行罗湖支行，付款科目为银行存款，选择收款人类型为供应商，选择收款人名称为深圳赛格电子有限公司，输入金额为 100 000 元，选择对方科目为预付账款，确认所有信息无误后，单击【保存】—【提交】按钮，如图 5-33 所示。

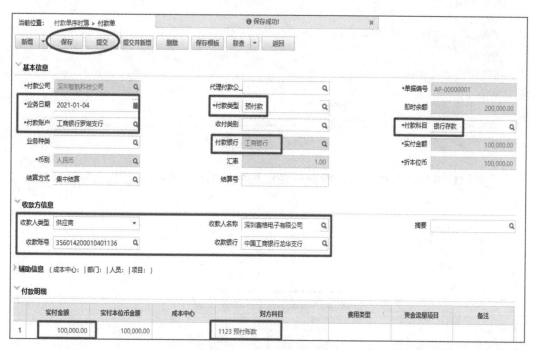

图 5-33　付款单填制、提交

## 2. 付款单（预付款）审核

切换用户至 "dyb 学号" 进行单据审批。单击右上角的工具栏的【流程】按钮，选择刚才提交的付款单，单击【处理】按钮，进入审批单据界面，如图 5-34 所示。

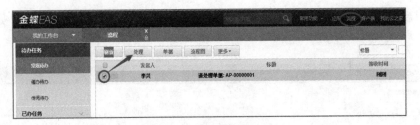

图 5-34 付款单处理

根据企业付款业务规范，确认审批通过，提交付款单完成审批流程，审批完成后则付款业务完结，如图 5-35 所示。

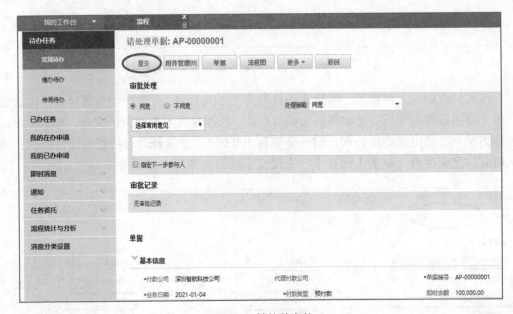

图 5-35 付款单审核

返回付款单查询界面，可以看到已经审核成功的付款单，单据状态为已审批，如图 5-36 所示。

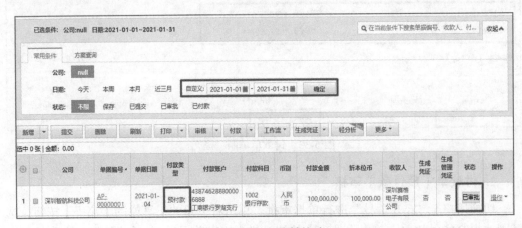

图 5-36 已审核付款单

### 5.3.2　捐款付款信息化处理

视频 5.7　捐款付款信息化处理

#### 应用场景

为了处理深圳智航科技公司对公益事业捐款业务，需要在系统完成付款单（公益捐款）的填制与审核。

#### 案例资料

2021 年 1 月 25 日，公司为支援抗疫的深圳医疗队捐献 30 万元用以购买物资，由出纳李兴填写付款单，财务经理邓永彬审核。原始单据如图 5-37 和图 5-38 所示。

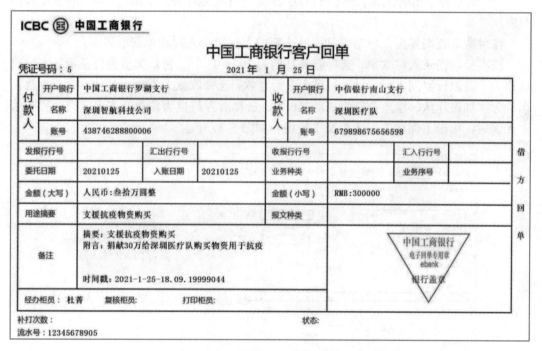

图 5-37　中国工商银行深圳医疗队银行回单

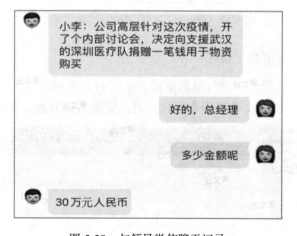

图 5-38　与领导微信聊天记录

## ▫️ 任务内容

（1）付款单（公益捐款）填制、提交。
（2）付款单（公益捐款）审核。

## ▫️ 应用指导

### 1. 付款单（公益捐款）填制、提交

在 EAS 登录界面，选择教师规定的数据中心，用户名为"lx 学号"，无密码，单击【登录】按钮，进入 EAS 操作界面。单击右上角工具栏的【应用】按钮后，依次点击【财务会计】—【出纳管理】—【收付款处理】—【付款单处理】选项，进入付款单查询界面。

在付款单查询界面，单击工具栏的【新增】按钮进入付款单新增界面。

按实验数据录入付款单，选择业务日期为 2021-01-25，付款类型为公益捐款，付款账户为工商银行罗湖支行，付款科目为银行存款，选择收款人类型为其他，输入收款人名称为深圳医疗队，输入金额为 300 000 元，选择对方科目为营业外支出，确认所有信息无误后，单击【保存】—【提交】按钮，如图 5-39 所示。

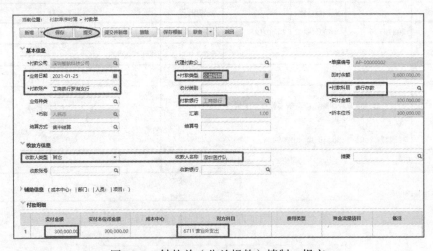

图 5-39　付款单（公益捐款）填制、提交

### 2. 付款单（公益捐款）审核

切换用户至"dyb 学号"进行单据审批。单击右上角的工具栏的【流程】按钮，选择刚才提交的付款单，单击【处理】按钮，进入审批单据界面，如图 5-40 所示。

图 5-40　付款单（公益捐款）处理

根据企业付款业务规范，确认审批通过，提交付款单完成审批流程，审批完成后则付款业务完结，如图 5-41 所示。

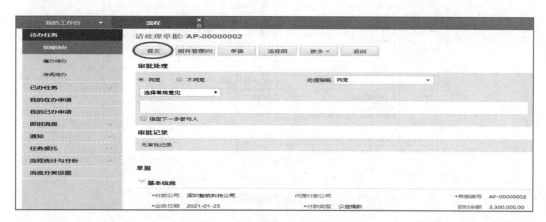

图 5-41　付款单（公益捐款）审核

返回付款单查询界面，可以看到已经审核成功的付款单，单据状态为已审批，如图 5-42 所示。

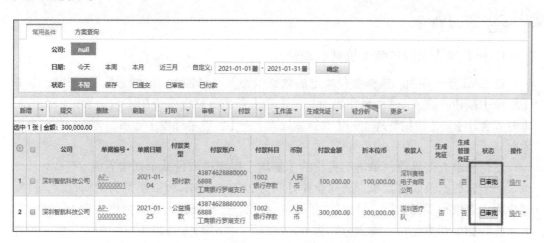

图 5-42　截至 1 月 25 日已审核的付款单

### 5.3.3　采购付款信息化处理

#### 📇 应用场景

为了处理深圳智航科技公司购买德瑞制造公司材料的支付采购货款业务，需要在系统完成付款单（采购付款）的填制与审核。

视频 5.8　采购付款信息化处理

#### 📇 案例资料

2021 年 1 月 26 日，仓库收到德瑞制造公司送到的原材料固定机翼，验收入库，由出纳李兴根据应付单生成付款单，财务经理邓永彬审核。原始单据如图 5-43 所示。

图 5-43　中国工商银行德瑞制造公司银行回单

## 任务内容

（1）付款单（采购付款）填制、提交。

（2）付款单（采购付款）审核。

## 应用指导

### 1. 付款单（采购付款）填制、提交

在 EAS 登录界面，选择教师规定的数据中心，用户名为"lx 学号"，无密码，单击【登录】按钮，进入 EAS 操作界面。单击右上角工具栏的【应用】按钮后，依次点击【财务会计】—【出纳管理】—【收付款处理】—【付款单处理】选项，进入付款单查询界面。

在付款单查询界面，单击工具栏的【新增】按钮进入付款单新增界面。

按实验数据录入付款单，选择业务日期为 2021-01-26，付款类型为采购付款，付款账户为工商银行罗湖支行，付款科目为银行存款，选择收款人类型为供应商，选择收款人名称为德瑞制造公司，输入金额为 84 750 元，选择对方科目为应付账款，确认所有信息无误后，单击【保存】—【提交】按钮，如图 5-44 所示。

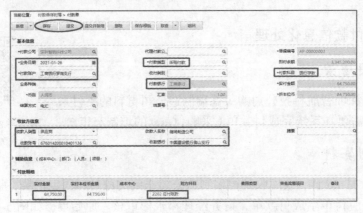

图 5-44　付款单（采购付款）填制、提交

### 2. 付款单（采购付款）审核

切换用户至"dyb 学号"进行单据审批。单击右上角的工具栏的【流程】按钮，选择刚才提交的付款单，单击【处理】按钮，进入审批单据界面，如图 5-45 所示。

图 5-45　付款单（采购付款）处理

根据企业付款业务规范，确认审批通过，提交付款单完成审批流程，审批完成后则付款业务完结，如图 5-46 所示。

图 5-46　付款单（采购付款）审核

返回付款单查询界面，可以看到已经审核成功的付款单，单据状态为已审批，如图 5-47 所示。

已选条件：公司:null 日期:2021-01-01~2021-01-31　　在当前条件下搜索单据编号、收款人、付… 收起

常用条件　方案查询

公司：null

日期：今天 本周 本月 近三月 自定义：2021-01-01 - 2021-01-31 确定

状态：不限 保存 已提交 已审批 已付款

新增 提交 删除 刷新 打印 审核 付款 工作流 生成凭证 轻分析 更多

选中 2 张 | 金额：384,750.00

| | | 公司 | 单据编号 | 单据日期 | 付款类型 | 付款账户 | 付款科目 | 币别 | 付款金额 | 折本位币 | 收款人 | 生成凭证 | 生成管理凭证 | 状态 | 操作 |
|---|---|---|---|---|---|---|---|---|---|---|---|---|---|---|---|
| 1 | ☐ | 深圳智航科技公司 | AP-00000001 | 2021-01-04 | 预付款 | 438746288800006888 工商银行罗湖支行 | 1002 银行存款 | 人民币 | 100,000.00 | 100,000.00 | 深圳嘉格电子有限公司 | 否 | 否 | 已审批 | 操作 |
| 2 | ☑ | 深圳智航科技公司 | AP-00000002 | 2021-01-25 | 公益捐款 | 438746288800006888 工商银行罗湖支行 | 1002 银行存款 | 人民币 | 300,000.00 | 300,000.00 | 深圳医疗队 | 否 | 否 | 已审批 | 操作 |
| 3 | ☐ | 深圳智航科技公司 | AP-00000003 | 2021-01-26 | 采购付款 | 438746288800006888 工商银行罗湖支行 | 1002 银行存款 | 人民币 | 84,750.00 | 84,750.00 | 德瑞制造公司 | 否 | 否 | 已审批 | 操作 |

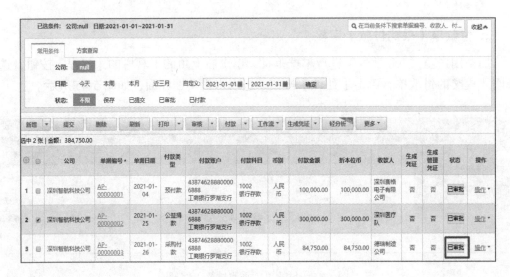

图 5-47　截至 1 月 26 日已审核付款单

## 5.3.4　报销付款智能处理

### 1. 招待费用报销信息化处理

#### 应用场景

为了处理深圳智航科技公司支付费用报销业务，需要在系统完成付款单（费用付款）的填制与审核。

视频 5.9　招待费用报销信息化处理

#### 案例资料

2021 年 1 月 16 日，费用报销单审核通过，由出纳李兴做付款单支付秦义招待客户费用 800 元，财务经理邓永彬审核。原始单据如图 5-48 所示。

ICBC 中国工商银行

**中国工商银行客户回单**

凭证号码：7　　2021 年 1 月 16 日

| | | | | | |
|---|---|---|---|---|---|
| 付款人 | 开户银行 | 中国工商银行罗湖支行 | 收款人 | 开户银行 | 中国银行深圳罗湖支行 |
| | 名称 | 深圳智航科技公司 | | 名称 | 秦义 |
| | 账号 | 438746288800006 | | 账号 | 666555888009 |

| | | | | | | | |
|---|---|---|---|---|---|---|---|
| 发报行行号 | | 汇出行行号 | | 收报行行号 | | 汇入行行号 | |
| 委托日期 | 20210116 | 入账日期 | 20210116 | 业务种类 | | 业务序号 | |
| 金额（大写） | 人民币：捌佰圆整 | | | 金额（小写） | RMB:800 | | |
| 用途摘要 | 员工费用报销 | | | 报文种类 | | | |
| 备注 | 摘要：员工费用报销<br>附言：支付秦义垫付的客户招待费用<br>时间戳：2021-1-16-10.01.56687798 | | | 中国工商银行 电子回单专用章 ebank 银行盖章 | | | |
| 经办柜员：张凌 | 复核柜员： | 打印柜员： | | | | | |

借方回单

补打次数：　　状态：

流水号：12345678907

图 5-48　中国工商银行秦义银行回单

## 任务内容

（1）付款单（费用付款）填制、提交。
（2）付款单（费用付款）审核。

## 应用指导

### 1. 付款单（费用付款）填制、提交

在 EAS 登录界面，选择教师规定的数据中心，用户名为"lx 学号"，无密码，单击【登录】按钮，进入 EAS 操作界面。单击右上角工具栏的【应用】按钮后，依次点击【财务会计】—【出纳管理】—【收付款处理】—【付款单处理】选项，进入付款单查询界面。

在付款单查询界面，单击工具栏的【新增】按钮进入付款单新增界面。按实验数据录入付款单，选择业务日期为 2021-01-16，付款类型为费用报销，付款账户为工商银行罗湖支行，付款科目为银行存款，选择收款人类型为其他，输入收款人名称为秦义，输入金额为 800 元，选择对方科目为业务招待费，确认所有信息无误后，单击【保存】—【提交】按钮，如图 5-49 所示。

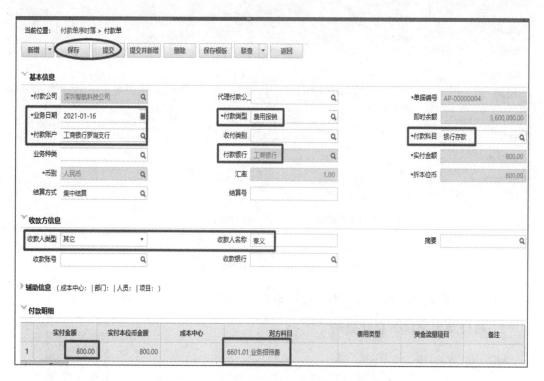

图 5-49　付款单（费用付款）填制、提交

### 2. 付款单（费用付款）审核

切换用户至"dyb 学号"进行单据审批。单击右上角的工具栏的【流程】按钮，选择刚才提交的付款单，单击【处理】按钮，进入审批单据界面，如图 5-50 所示。

图 5-50　付款单（费用付款）审核

根据企业付款业务规范，确认审批通过，提交付款单完成审批流程，审批完成后则付款业务完结，如图 5-51 所示。

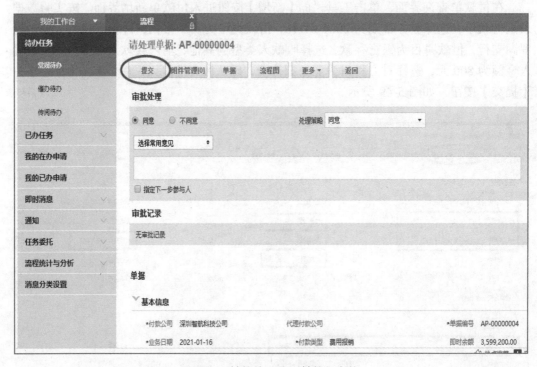

图 5-51　付款单（费用付款）审核

返回付款单查询界面，可以看到已经审核成功的付款单，单据状态为已审批。

## 2. 对公费用报销信息化处理

### 🔡 应用场景

为了处理深圳智航科技公司对公费用报销业务，需要在系统完成付款单（对公费用付款）的填制与审核。

视频 5.10　对公费用报销信息化处理

### 🔡 案例资料

2021 年 1 月 10 日，公司支付租金的对公费用报销单审核通过，由出纳李兴做付款单支付给深圳市小美家园有限公司办公室租金款 6 万元，财务经理邓永彬审核（该业务是 4.4 节对公费用报销对应）。原始单据如图 5-52 所示。

ICBC 中国工商银行

中国工商银行客户回单

凭证号码：8　　2021 年 1 月 10 日

| | | | | | | | |
|---|---|---|---|---|---|---|---|
| 付款人 | 开户银行 | 中国工商银行罗湖支行 | | 收款人 | 开户银行 | 中国建设银行高新园支行 | |
| | 名称 | 深圳智航科技公司 | | | 名称 | 深圳市小美家园有限公司 | |
| | 账号 | 438746288800006 | | | 账号 | 6760145966142256 | |
| 发报行行号 | | 汇出行行号 | | 收报行行号 | | 汇入行行号 | |
| 委托日期 | 20210110 | 入账日期 | 20210110 | 业务种类 | | 业务序号 | |
| 金额（大写） | 人民币：陆万圆整 | | | 金额（小写） | RMB:60000 | | |
| 用途摘要 | 对公费用报销 | | | 报文种类 | | | |
| 备注 | 摘要：对公费用报销<br>附言：支付小美家园办公室租金<br>时间戳：2021-1-10-14.12.77998090 | | | 中国工商银行 电子回单专用章 ebank 银行盖章 | | | |
| 经办柜员：胡睿斯　复核柜员：　打印柜员： | | | | | | | |

借方回单

补打次数：　　状态：

流水号：12345678908

图 5-52　与深圳小美家园有限公司银行回单

## 任务内容

（1）付款单（对公费用付款）填制、提交。

（2）付款单（对公费用付款）审核。

## 应用指导

### 1. 付款单（对公费用付款）填制、提交

在 EAS 登录界面，选择教师规定的数据中心，用户名为“lx 学号”，无密码，单击【登录】按钮，进入 EAS 操作界面。点击右上角工具栏的【应用】按钮后，依次单击【财务会计】—【出纳管理】—【收付款处理】—【付款单处理】选项，进入付款单查询界面。

在付款单查询界面，单击工具栏的【新增】按钮进入付款单新增界面。按实验数据录入付款单，选择业务日期为 2021-01-10，付款类型为费用报销，付款账户为工商银行罗湖支行，付款科目为银行存款，选择收款人类型为其他，输入收款人名称为深圳市小美家园有限公司，输入金额为 60 000 元，选择对方科目为租金，确认所有信息无误后，单击【保存】—【提交】按钮，如图 5-53 所示。

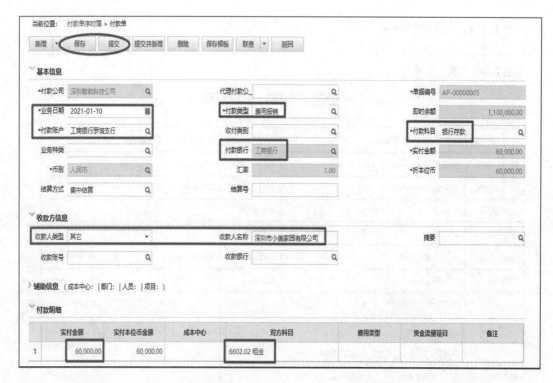

图 5-53  付款单（对公费用付款）填制、提交

### 2. 付款单（对公费用付款）审核

切换用户至"dyb 学号"进行单据审批。单击右上角的工具栏的【流程】按钮，选择刚才提交的付款单，单击【处理】按钮，进入审批单据界面，如图 5-54 所示。

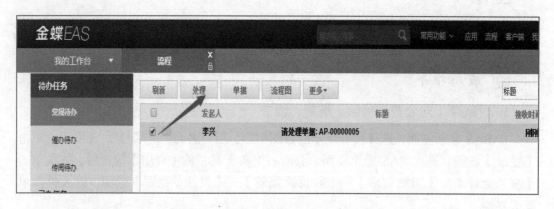

图 5-54  付款单（对公费用付款）处理

根据企业付款业务规范，确认审批通过，提交付款单完成审批流程，审批完成后则付款业务完结，如图 5-55 所示。

返回付款单查询界面，可以看到已经审核成功的付款单，单据状态为已审批。

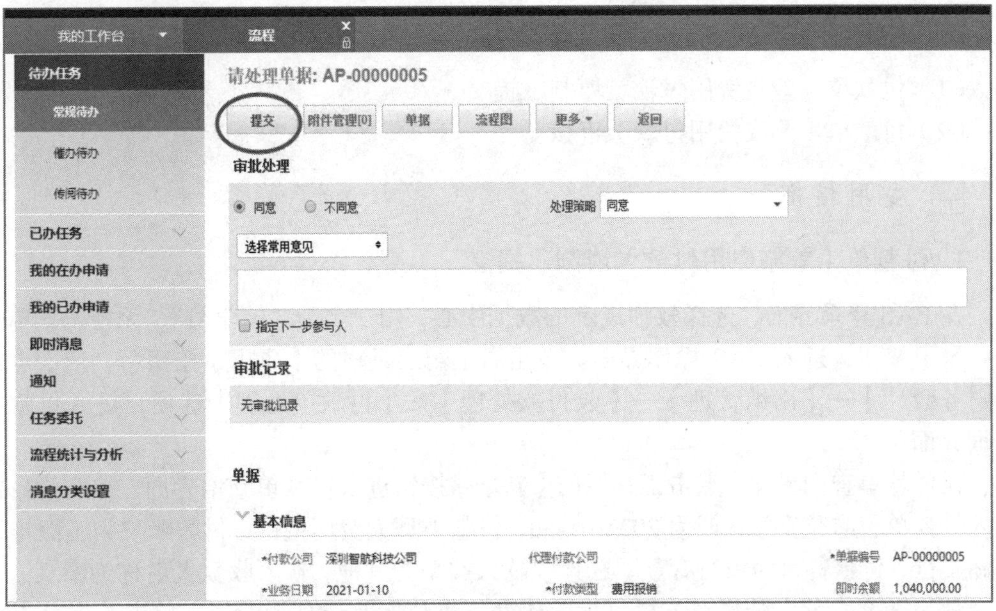


图 5-55　付款单（对公费用付款）审核

## 3. 差旅费用报销信息化处理

### 应用场景

为了处理深圳智航科技公司差旅费用报销业务，需要在系统完成付款单（差旅费用付款）的填制与审核。

视频 5.11　差旅费用报销信息化处理

### 案例资料

2021 年 1 月 20 日，差旅报销单审核通过，由出纳李兴做付款单支付秦义的出差费用 3920 元，财务经理邓永彬审核（该业务和第 4.3 节差旅费报销单对应），原始单据如图 5-56 所示。

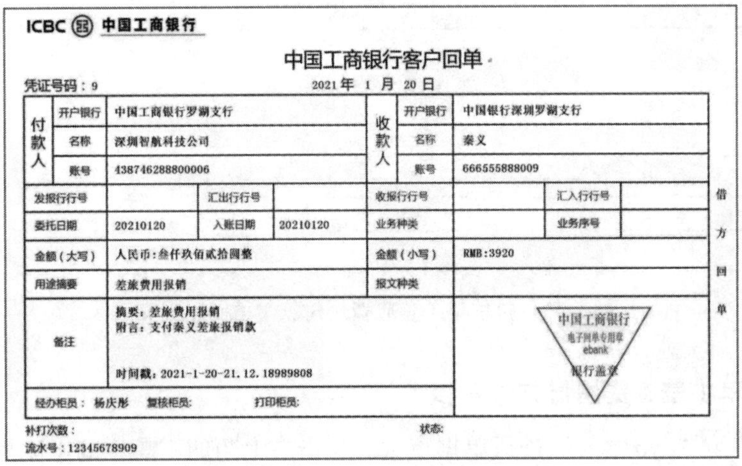

ICBC 中国工商银行

中国工商银行客户回单

凭证号码：9　　2021 年 1 月 20 日

| | | | | | | | |
|---|---|---|---|---|---|---|---|
| 付款人 | 开户银行 | 中国工商银行罗湖支行 | | 收款人 | 开户银行 | 中国银行深圳罗湖支行 | |
| | 名称 | 深圳智航科技公司 | | | 名称 | 秦义 | |
| | 账号 | 438746288800006 | | | 账号 | 666555888009 | |
| 发报行行号 | | 汇出行行号 | | 收报行行号 | | 汇入行行号 | |
| 委托日期 | 20210120 | 入账日期 | 20210120 | 业务种类 | | 业务序号 | |
| 金额（大写） | 人民币：叁仟玖佰贰拾圆整 | | | 金额（小写） | RMB:3920 | | |
| 用途摘要 | 差旅费用报销 | | | 报文种类 | | | |
| 备注 | 摘要：差旅费用报销<br>附言：支付秦义差旅报销款<br>时间戳：2021-1-20-21. 12. 18989808 | | | 中国工商银行 电子回单专用章 ebank 银行盖章 | | | |
| 经办柜员：杨庆彤　复核柜员：　打印柜员： | | | | | | | |

借方回单

补打次数：　　状态：

流水号：12345678909

图 5-56　中国工商银行秦义客户回单

**任务指导**

（1）付款单（差旅费用付款）填制、提交。

（2）付款单（差旅费用付款）审核。

**应用指导**

### 1. 付款单（差旅费用付款）填制、提交

在 EAS 登录界面，选择教师规定的数据中心，用户名为"lx 学号"，无密码，单击【登录】按钮，进入 EAS 操作界面。单击右上角工具栏的【应用】按钮后，依次点击【财务会计】—【出纳管理】—【收付款处理】—【付款单处理】选项，进入付款单查询界面。

在付款单查询界面，点击工具栏的【新增】按钮进入付款单新增界面。按实验数据录入付款单，选择业务日期为 2021-01-20，付款类型为费用报销，付款账户为工商银行罗湖支行，付款科目为银行存款，选择收款人类型为其他，输入收款人名称为秦义，输入金额为 3 920 元，选择对方科目为差旅费，确认所有信息无误后，单击【保存】—【提交】按钮，如图 5-57 所示。

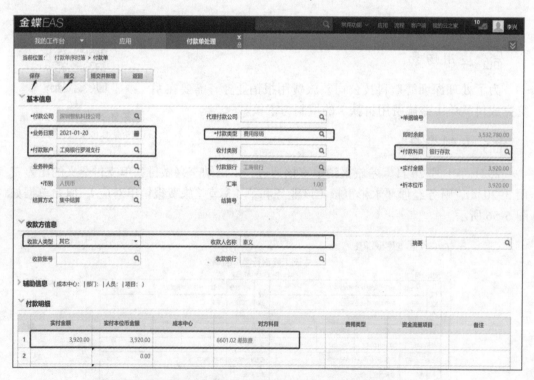

图 5-57　付款单（差旅费用付款）填制、提交

### 2. 付款单（差旅费用付款）审核

切换用户至"dyb 学号"进行单据审批。单击右上角的工具栏的【流程】按钮，选择刚才提交的付款单，单击【处理】按钮，进入审批单据界面，如图 5-58 所示。

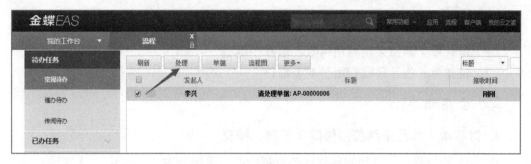

图 5-58　付款单（差旅费用付款）处理

　　根据企业付款业务规范，确认审批通过，提交付款单完成审批流程，审批完成后则付款业务完结，如图 5-59 所示。

图 5-59　付款单（差旅费用付款）审核

返回付款单查询界面，可以看到已经审核成功的付款单，单据状态为已审批。

**4. 物品采购费报销信息化处理**

### 📇 应用场景

为了处理深圳智航科技公司物品采购费用报销业务，需要在系统完成付款单（物品采购费用付款）的填制与审核。

视频 5.12　物品采购费
报销信息化处理

### 📇 案例资料

2021 年 1 月 7 日，物品采购费报销单审核通过，由出纳李兴做付款单支付零星采购的员工文化衫费用，财务经理邓永彬审核（该案例和第 4.5 节物品采购报销单对应）。

### 任务内容

（1）付款单（物品采购费用付款）填制、提交。

（2）付款单（物品采购费用付款）审核。

### 应用指导

**1. 付款单（物品采购费用付款）填制、提交**

在 EAS 登录界面，选择教师规定的数据中心，用户名为"lx 学号"，无密码，单击【登录】按钮，进入 EAS 操作界面。单击右上角工具栏的【应用】按钮后，依次点击【财务会计】—【出纳管理】—【收付款处理】—【付款单处理】选项，进入付款单查询界面。

在付款单查询界面，单击工具栏的【新增】按钮进入付款单新增界面。按实验数据录入付款单，选择业务日期为 2021-01-07，付款类型为费用报销，付款账户为工商银行罗湖支行，付款科目为银行存款，选择收款人类型为其他，输入收款人名称为秦义，输入金额为 2 500 元，选择对方科目为员工文化衫，确认所有信息无误后，单击【保存】—【提交】按钮，如图 5-60 所示。

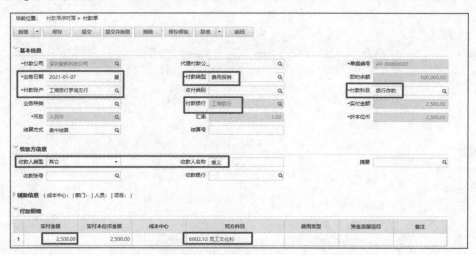

图 5-60　付款单（物品采购费用付款）填制、录入

**2. 付款单（物品采购费用付款）审核**

切换用户至"dyb 学号"进行单据审批。单击右上角的工具栏的【流程】按钮，选择刚才提交的付款单，单击【处理】按钮，进入审批单据界面，如图 5-61 所示。

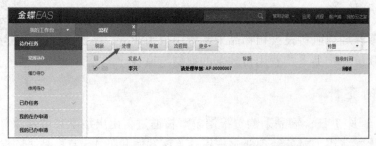

图 5-61　付款单（物品采购费用付款）处理

返回付款单查询页面，可以看到已经审核成功的付款单，单据状态为已审批。

**注意**：企业付款可分为两大类：一类是采购业务付款，另一类是其他业务付款。其他业务付款与采购业务付款都是对外付款业务，均是通过付款单进行处理。

（1）采购业务付款，对应日常采购业务的付款处理，包括预付款与采购付款。采购业务付款通过采购业务类型的付款单进行处理。采购业务付款的付款单，付款用途可以为预付款或者采购付款。

（2）其他业务付款，指除了企业日常采购业务付款之外的其他所有对外付款。其他业务付款的对象类型包括客户、供应商、部门、员工及其他往来单位等。其他业务类型的付款用途包括工资发放、费用报销、个人借款、购买发票、银行手续费、罚款支出及其他等，同时支持用户根据企业实际情况自定义其他付款用途。其他业务付款通过其他业务类型的付款单进行处理。

### 拓展挑战

2021 年 1 月 9 日，公司根据与深圳森和电子有限公司签订的采购合同付款条款，支付给供应商预付款 12 万元，由出纳李兴填写付款单，财务经理邓永彬审核。请针对该笔业务进行付款单的填制和审核。

### 复习思考

（1）如何录入付款单（物品采购费）？

（2）进行付款单（物品采购费）审核时是否需要切换账号？

## 5.3.5　付款业务智能规划设置

### 应用场景

付款是企业资金相对流出的一种形式。常见付款单有采购付款、预付款、费用报销付款等。出纳李兴每月都要花比较多的时间根据业务提供的银行回单及原始票据到系统中作付款单，该工

视频 5.13　付款业务智能规划设置

作属于高重复低价值的财务工作，李兴希望通过智能财务的规划设置将该部分高重复的工作交由智能财务机器人来完成。

### 案例资料

根据出纳参考原始票据做付款单的工作习惯，设置付款单填写与审核规划，并将完成的机器人规划用于真实业务中验证机器人执行的正确性。

### 任务内容

（1）付款单填制要素分析。

（2）进入智能财务规划教学平台设置付款单自动填写规划。

（3）付款单审核要素分析。

（4）进入智能财务规划教学平台设置付款单审核规划。

## 🔲 应用指导

### 1. 付款单填制要素分析

信息化系统中的付款业务规律性很强，我们只需在业务开始前对业务操作和区别要点进行详细的归纳总结，找到各种付款业务的相同之处和不同之处，即可根据这些特点进行填单与审核规划设计。本书中以预付款付款单为例，进行付款单自动填单与审核规划，具体规划要点如表 5-4 所示。

表 5-4 付款单规划（预付款）——中国工商银行客户回单

| 多张票据 | 单据信息参考一张票据 |
| --- | --- |
| 制单人 | lx 学号 |
| 票据识别校验 | 校验 |
| 付款类型 | 预付款 |
| 业务日期 | ${中国工商银行客户回单.委托日期} |
| 付款账户 | '工商银行宝安支行' |
| 付款科目 | '1002' |
| 收款人类型 | '供应商' |
| 收款人名称 | ${中国工商银行客户回单.收款人名称} |
| 摘要 | ${中国工商银行客户回单.用途摘要}+', 对应的采购合同编号为：'+${采购合同.合同编号} |
| 实付金额 | ${中国工商银行客户回单.金额(小写)} |
| 对方科目 | '预付账款' |

### 2. 进入智能财务规划教学平台设置付款单自动填写规划

进入智能财务规划教学平台，依次点击【付款机器人】—【付款机器人规划】选项，打开付款机器人规划界面，在该界面可以查看建议的规划的要求（表 5-4）。根据企业业务情况设置付款单填单规则，如图 5-62～图 5-64 所示。

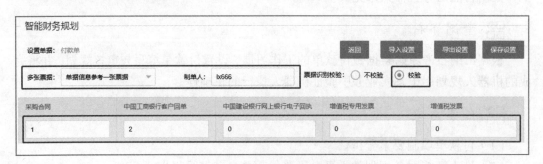

图 5-62 付款单填制规划界面表头

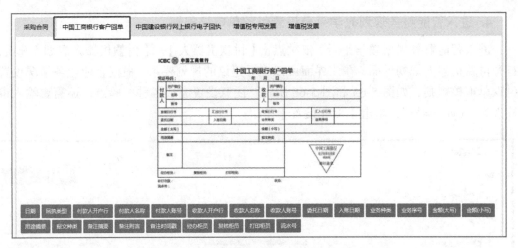

图 5-63　付款单填制规划单据类型选择界面

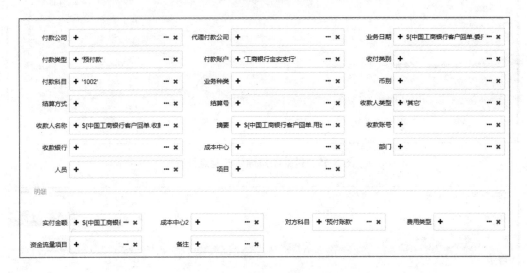

图 5-64　付款单填制规划设置详细界面

### 3. 付款单审核要素分析

一般由财务经理邓永斌每天抽时间对当天产生的付款单进行审核，根据财务经理邓永斌审核付款单的操作流程我们可以总结以下思考要点。

（1）在以上业务场景下，本企业付款账户应该是什么，付款信息来源是什么？

（2）本次付款业务的付款金额是多少？

将以上问题总结后，我们可以以表格方式进行每个项目的问题汇总，确认形成智能规划实施参考流程信息，如表 5-5 所示。

表 5-5　付款单审核规划

| 校验点名称 | 校验要求 |
| --- | --- |
| 付款账号确认 | 付款单的付款账号付款账号 |
| 付款金额确认 | 付款单实收金额=银行回单金额 |

### 4. 进入智能财务规划教学平台设置付款单审核规划

进入智能财务规划教学平台,依次点击【付款机器人】—【付款机器人规划】选项,打开付款机器人规划界面,在该界面可以查看建议的规划要求。根据企业业务情况设置付款单审核规则,如图 5-65 和图 5-66 所示。注意设置完成各种校验点,还需要输入审核人为"dyb+学号",单击【保存设置】按钮。

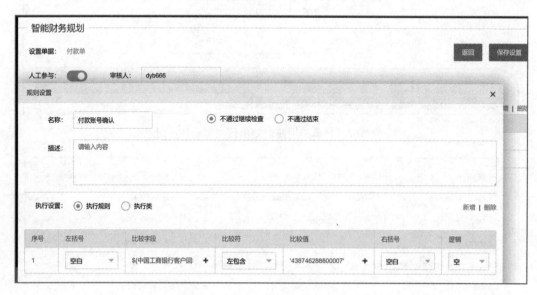

图 5-65  付款账户确认校验点设置

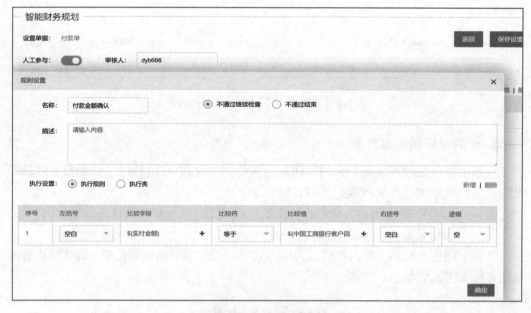

图 5-66  付款金额确认规划

📋 **拓展挑战**

2021 年 2 月 17 日,因公司拓展业务需要增加办公室场地,与物业公司签订新的办公室租用合同，支付押金，请根据业务信息自行设计该业务可能涉及的各种单据的智能填单规划设计。

### 复习思考

（1）付款单的填制是否会根据付款业务类型的不同而不同？如有不同，会产生哪些不同？

（2）请根据财务信息系统业务操作特点，归纳总结系统中付款单产生的方式有哪些？

### 5.3.6　付款单智能规划应用

#### 应用场景

调用付款机器人对 2 月销售预付款业务进行付款单填制、审核处理。

视频 5.14　付款单智能规划应用

#### 案例资料

2021 年 2 月 20 日，公司与德瑞制造公司签订合同，购买分电板 500 个，根据合同要求先预付 5 万元预付款，出纳李兴调用付款机器人完成付款单填写。

#### 任务内容

（1）付款机器人执行付款单自动填写。

（2）付款机器人执行付款单据审核处理。

#### 应用指导

**1. 付款机器人执行付款单自动填写**

进入智能财务规划教学平台，依次点击【付款机器人】—【付款单智能处理】选项，打开付款机器人智能处理界面，找到对应的题目，下载题干资源里的原始单据后单击【智能处理】按钮，付款机器人执行付款单自动填写，如图 5-67 所示。

图 5-67　付款机器人执行付款单自动填写

### 2. 付款机器人执行付款单据审核处理

进入智能财务规划教学平台，依次点击【付款机器人】—【付款智能处理】选项，打开付款机器人智能处理界面，找到对应的题目，单击【智能处理】按钮，执行单据审核处理，如图 5-68 所示。

图 5-68　付款机器人执行付款单据审核处理

### 📖 拓展挑战

（1）2021 年 2 月 20 日，公司继续为疫情防控捐款 50 万元，出纳李兴调用付款机器人完成付款单填写。

（2）请根据信息化系统处理差旅费报销业务付款要点，设计差旅费报销付款机器人规划。

### 📖 复习思考

付款业务智能规划基本流程和注意事项是什么？

# 第 6 章

# 期末业务智能处理

## 【学习目的与要求】

通过本章的学习，学生应了解会计期末业务处理的定义、目的和重要性；理解会计期末业务处理的基本原理和方法，包括会计核算准则、会计科目、会计账簿、会计报表等；掌握会计期末业务处理的步骤和流程，包括账务处理、资产负债表编制、损益表编制等；完成会计期末业务处理的实际操作，包括账务录入、科目调整、计提调整、制作财务报表等；形成相关能力，能够分析和解决会计期末业务处理中的常见问题；培养学生领会信息安全战略重要性，强化责任担当，注重保护企业信息安全，防范财务风险。

## 6.1　期末业务认知

会计假设是会计原则的理论基础，是会计实务操作的前提条件，它包括会计主体假设、持续经营假设、会计分期假设、货币计量假设。其中，会计分期假设指的是将一个企业持续经营的生产经营活动划分为一个个连续的、长短相同的期间，以便正确地记录会计信息，以及核算收入、费用和损益。在会计分期假设的前提下，在每个期间结束时，企业需要进行相应的业务处理，也就是期末业务。

在每个会计期末（可能是一个月、一个季度或者一年，根据企业实际情况决定，但一旦确定，就不可随意变更），企业需要完成对上一个期末的汇总和核对，以便可以开始下一个期间的会计信息记录。所以会计期末业务是非常重要的，期末业务是否正确记录数据和完成，将直接影响到上一个会计期间的结束和下一个会计期间的开始。

智能财税系统中，会计期末业务主要包括以下几个方面的工作。

（1）审核凭证：会计期末需要对全部的凭证进行审核，以确保凭证的真实性、准确性和完整性。具体来说，审核凭证主要包括检查凭证的日期、摘要、科目、金额、票据等是否齐全、正确，并核对凭证与原始单据的一致性。如果存在凭证错误或不合规的情况，需要及时进行修改或调整，以确保凭证的正确性。

（2）记账：会计期末需要对所有的凭证进行记账，将凭证中的各项数据按照会计科目分类、借贷方向分录，并计算各项数据的累计余额。具体来说，记账包括填写各项账户的账页、汇总各项数据并进行调整、生成各项账簿和账目等工作。

（3）期末自动结转：会计期末需要进行各项结转操作，将各项暂存账户和费用账户等的余额进行结转，并将结转后的余额转入相应的长期资产、长期负债、本年利润等账户中。具体来说，结转主要包括费用的结转、收入的结转、折旧、摊销等操作。

（4）对账：会计期末需要进行各项对账工作，以核对各项账目的正确性和一致性。具体来说，对账主要包括现金银行对账、应收账款和应付账款对账、存货对账、长期资产对账、负债对账、本年利润对账等工作。

（5）报表：在会计期末，企业需要编制并发布一系列财务报表，以反映其在此期间的财务状况和经营成果。报表是企业向外部利益相关者提供财务信息的主要手段，也是评估企业财务状况和经营绩效的重要依据。会计期末编制的主要报表包括资产负债表、利润表、现金流量表和所有者权益变动表。其中，资产负债表反映企业在此期间的资产、负债和所有者权益的状况；利润表反映企业在此期间的收入、成本和利润的情况；现金流量表反映企业在此期间的现金流入和流出情况；所有者权益变动表反映企业在此期间的股东权益变化情况。这些报表的编制和披露需要遵循一定的会计准则和规范，以保证报表的准确性、可比性和可理解性。此外，企业还需要对报表进行审计或审阅，以保证报表的可信度和透明度。

会计期末编制的报表是企业向外部提供财务信息的重要工具，是会计工作中非常重要的环节，对于企业的经营决策和管理层以及企业财务状况的评估都起着至关重要的作用。

总之，期末业务是非常重要的，是企业一个会计周期的结束工作，它直接影响上一个周期中会计数据是否被正确、全面地记录和下个会计周期是否可以正确地开始。同时这些工作有助于确保公司财务信息的准确性和完整性，为公司管理层提供重要的财务信息和数据支持，为公司决策提供重要的参考依据，具体有以下几个方面。

（1）明确企业的财务状况和经营成果：会计期末业务的核算和总结，可以反映出企业的资产、负债、收入、支出等财务状况及经营成果，为企业的经营决策提供重要参考。

（2）辅助企业税务申报：会计期末业务的完成，是企业申报年度所得税、增值税等各种税务的必要前提，同时可以帮助企业合理规避税务风险，减少税务负担。

（3）保证财务报表的准确性和可靠性：会计期末业务的核算和调整，可以发现和纠正财务报表中的错误和漏洞，提高财务报表的准确性和可靠性，为投资者和债权人提供准确的财务信息。

（4）为企业未来经营决策提供参考：会计期末业务的完成，可以对企业未来的经营决策提供有价值的参考，如针对利润分配、投资决策等方面的建议，提高企业经营效益。

因此，会计期末业务的重要性不可忽视，企业应该加强对会计期末业务的管理和监督，确保会计期末业务的完成质量，为企业的发展和经营决策提供有力支撑。

## 6.2 记账凭证审核的智能处理

### 6.2.1 记账凭证审核智能规划设置

**⊞⊟ 应用场景**

每月月末或者业务需要时，财务经理邓永斌都会对当月的凭证进行审核，该工作属于高重复低价值的财务工作，邓永斌

视频 6.1　记账凭证审核
智能规划设置

希望通过智能财务的规划设置将该部分工作交由智能财务机器人来完成。

### ▱▱ 案例资料

梳理财务经理凭证审核的业务规律和要点，以进行记账凭证审核智能规划。

### ▱▱ 任务内容

（1）记账凭证审核要素分析。
（2）记账凭证审核过滤方案设置。
（3）进入智能财务规划教学平台设置智能执行路径。

### ▱▱ 应用指导

**1. 记账凭证审核要素分析**

信息化系统中的记账凭证审核业务规律性极强，根据凭证审核信息化操作场景，我们来尝试总结以下几个问题。

（1）记账凭证审核操作员是谁？
（2）记账凭证审核在本信息系统中操作路径是怎样的？
（3）每次进行记账凭证审核时，凭证选择要点是什么？

将以上问题总结后，我们可以以表格方式进行每个项目的问题汇总，形成智能规划实施参考流程信息，如表 6-1、表 6-2 所示。

表 6-1　凭证审核过滤方案

| 方案名称 | 待审核 |
| --- | --- |
| 过滤条件 | 日期：2021-01-01—2021-01-31<br>状态：已提交 |

表 6-2　凭证审核规划设置

| 操作人 | dyb 学号 |
| --- | --- |
| 操作对象 | 网页端 |
| 操作路径 | 【财务会计】—【总账】—【凭证处理】—【凭证查询】 |
| 操作按钮 | 审核 |
| 筛选方案 | 待审核 |

**2. 记账凭证审核过滤方案设置**

用户"dyb 学号"登录 EAS 系统，依次点击【财务会计】—【总账】—【凭证处理】—【凭证查询】选项，打开凭证查询列表界面，在方案查询界面根据表 6-1 设置并保存过滤方案，如图 6-1 所示。

图 6-1 记账凭证审核过滤方案设置

### 3. 进入智能财务规划教学平台设置智能执行路径

进入智能财务规划教学平台，依次点击【报表机器人】—【报表机器人规划】选项，打开报表机器人规划界面，在该界面可以查看表 6-2 的规划要求。根据企业业务情况设置智能处理步骤，如图 6-2 所示。

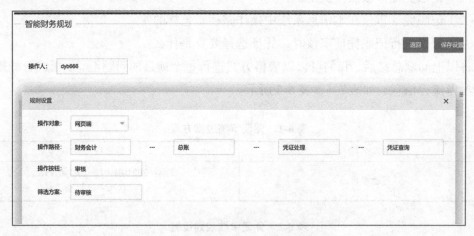

图 6-2 记账凭证审核执行路径规划

📑 **复习思考**

企业每个月都需要进行记账凭证审核智能规划设计吗？

## 6.2.2 记账凭证审核智能规划应用

🔲 **应用场景**

调用报表机器人对本月记账凭证审核业务进行处理。

🔲 **案例资料**

2021 年 1 月 31 日，财务经理邓永斌调用设计好的报表机器人进行凭证审核批量处理。

## ⊞ 任务内容

记账机器人执行凭证审核自动处理。

## ⊞ 应用指导

进入智能财务规划教学平台，依次点击【报表机器人】—【报表智能处理】选项，打开报表机器人智能处理界面，找到对应的题目，单击运行设置按钮，机器人会自动进行智能处理，如图 6-3 所示。

图 6-3　报表机器人自动审核凭证设置

## 📖 拓展挑战

尝试自行定义新的凭证审核规律，实现记账凭证自定义分批审核签字处理。

## 📖 复习思考

系统中记账凭证审核智能规划可以设置几次？不同规划设计可以同时在系统中运行吗？

## 6.3　记账的智能处理

会计核算处理系统是以证—账—表为核心的有关企业财务信息加工系统。会计凭证是整个会计核算系统的主要数据来源，是整个核算系统的基础，会计凭证的正确性将直接影响到整个会计信息系统的真实性、可靠性，因此系统必须保证会计凭证录入数据的正确性。

系统中凭证支持手工新增凭证和从其他业务系统生成。当业务发生时，用户可以根据业务单据直接在总账系统手工新增凭证，也可以从业务系统中根据单据直接生成总账凭证，从业务财务一体化的角度出发，凭证应该尽量来自业务系统的单据，保证业务和财务的一致性，智能记账的目的就是实现业务单据按正确的业务规则批量生成凭证，保证财务业务的统一性。

从出纳收款业务、付款业务、往来应收业务、应付业务等典型业务场景出发，会计凭证记账可以优先考虑将收款单、付款单、应收单、应付单这几个典型单据对应的财务处理通过智能记账来实现。

财务处理除了凭证的处理外，出纳也需要根据收付款单的情况作银行日记账，通过银行提供的电子对账单在系统中录入银行对账单，这两类出纳的记账业务也可以优先考虑通过智能记账来实现。

### 6.3.1　银行日记账收款记账智能规划设置与应用

#### 🔲 应用场景

银行日记账是专门用来记录企业银行存款收支业务的一种特种日记账，出纳李兴在平时工作中，完成收款单收款后需要对应记录一条银行日记账，该工作属于高重复低价值的财务工作，李兴希望通过智能财务的规划设置将该部分工作交由智能财务机器人来完成。

视频 6.2　银行日记账收款记账智能规划设置与应用未完成设置规划

#### 🔲 案例资料

根据出纳完成银行日记账填写的习惯，设置收款类银行日记账的自动填写规划，并将完成的机器人规划用于真实业务中进行记账处理，以验证机器人执行的正确性。

#### 🔲 任务内容

（1）银行日记账收款记账操作要素分析。
（2）银行日记账收款记账登账过滤方案设置。
（3）进入智能财务规划教学平台设置智能执行路径。
（4）进入智能财务规划教学平台执行智能记账。

#### 🔲 应用指导

**1. 银行日记账收款记账操作要素分析**

信息化系统中的出纳完成银行日记账填写的业务规律性极强，根据其信息化操作场景，我们来尝试总结以下几个问题。

（1）在以上业务场景下，银行日记账是根据什么单据来填写的？
（2）在填写银行日记账的过程中如何保持记账数据和收款业务数据一致？
（3）银行日记账录入的执行人是谁？
（4）在现有的信息化的系统中，要实现银行日记账快速准确录入，可以执行的操作是什么？

将以上问题总结后，我们可以以表格方式进行每个项目的问题汇总，形成智能规划实施参考流程信息如表 6-3、表 6-4 所示。

表 6-3　收款单收款记账过滤方案

| 方案名称 | 已审核待收款 |
| --- | --- |
| 过滤条件 | 日期：2021-01-01—2021-01-31；单据状态：已审核 |

表 6-4　收款单收款规划设置

| 操作人 | lx 学号 |
|---|---|
| 操作对象 | 网页端 |
| 操作路径 | 【财务会计】—【出纳管理】—【收付款处理】—【收款单处理】 |
| 操作按钮 | 收款 |
| 筛选方案 | 已审核待收款 |

### 2. 银行日记账收款记账登账过滤方案设置

在 EAS 登录界面，选择教师规定的数据中心，用户名为"lx 学号"，登录 EAS 系统，依次点击【应用】—【财务会计】—【出纳管理】—【收款单处理】选项，打开收款单列表界面，在方案查询界面，根据出纳处理收款单记账处理的要求设置并保存过滤方案，如图 6-4 所示。

图 6-4　设置银行日记账收款记账过滤方案

### 3. 进入智能财务规划教学平台设置智能执行路径

双击打开桌面上的金蝶智能财务机器人客户端，客户端启动成功后，会自动打开金蝶财务机器人登录界面，在登录界面输入用户名和密码，用户名为学生学号，密码默认为 123456。进入系统后，依次点击【记账机器人】—【记账机器人规划】选项，打开记账机器人规划界面，在该界面可以查看建议的规划的要求，如图 6-5 所示。

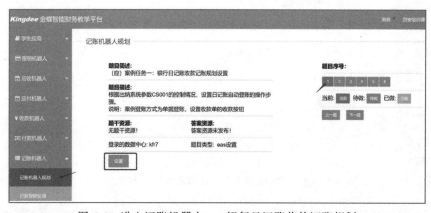

图 6-5　进入记账机器人——银行日记账收款记账规划

单击设置按钮，进入银行日记账收款记账规划设置界面，根据实验数据设置操作人为 "lx 学号"，单击新增按钮打开规则执行路径界面，填写操作路径为财务会计—出纳管理—收付款处理—收款单处理，填写操作按钮为收款，填写筛选方案为已审核待收款，填写完成后单击确定按钮，单击保存设置按钮完成规划的设置，如图 6-6 所示。

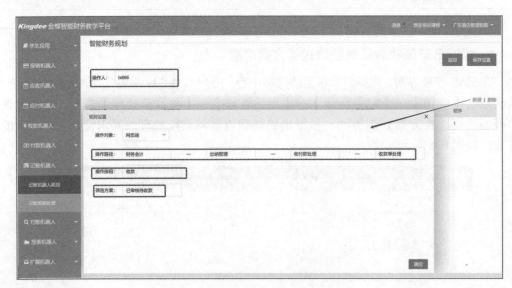

图 6-6 设置银行日记账收款记账规划

### 4. 进入智能财务规划教学平台执行智能记账

进入智能财务规划教学平台，依次点击【记账机器人】—【记账智能处理】选项，打开记账机器人智能处理界面，找到对应的收款单智能登账的题目，单击运行设置按钮，机器人会自动进行收款单智能记账处理，如图 6-7 和图 6-8 所示。

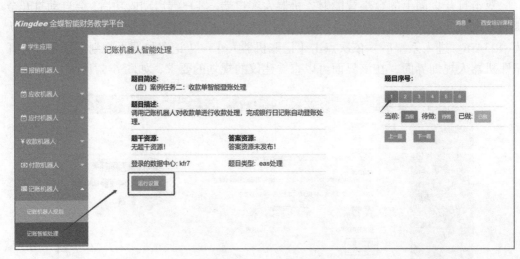

图 6-7 进入记账机器人——收款单智能登账处理界面

机器人执行成功后，可在银行日记账界面看见机器人自动记录的银行日记账。

图 6-8　银行日记账收款自动记账结果

## 拓展挑战

学习了银行日记账收款记账智能处理之后,请尝试自行设计银行日记账付款记账智能规划并应用验证。

## 复习思考

(1)银行日记账收款记账指的是什么类型的业务?

(2)银行日记账付款记账指的是什么类型的业务?

### 6.3.2　收款单记账智能规划设置与应用

## 应用场景

出纳收款后,会计需要根据业务情况在系统中增加对应的凭证,会计聂小莉每天都需要花大量的时间做凭证处理,聂小莉希望通过智能财务的规划设置将该部分工作交由智能财务机器人来完成。

视频 6.3　收款单记账智能规划设置与应用

## 案例资料

根据会计完成的收款单对应记账凭证的习惯,设置收款单自动记账规划,并将完成的机器人规划用于真实业务中验证机器人执行的正确性。

## 任务内容

(1)收款单记账操作要素分析。

(2)进行收款单单据转换规则设置。

(3)进行收款单记账过滤方案设置。

（4）进入智能财务规划教学平台设置智能执行路径。

（5）进入智能财务规划教学平台执行智能记账。

## 应用指导

**1. 收款单记账操作要素分析**

信息化系统中的会计完成收款单对应的记账凭证业务规律性极强，根据其信息化操作场景，我们来尝试总结以下几个问题。

（1）收款业务对应的凭证填写的执行人是谁？

（2）在以上业务场景下，会计记账的时候是根据什么单据来填写凭证信息的？

（3）在填写凭证的过程中如何保持凭证分录数据和收款业务数据一致？

（4）在现有的信息化的系统中，要实现凭证快速准确录入，可以执行的操作是什么？前置条件是什么？

将以上问题总结后，我们可以以表格方式进行每个项目的问题汇总，形成智能规划实施参考流程信息如表 6-5～表 6-7 所示。

**表 6-5　收款单单据转换规则设置**

| 复制规则编码 | SKDSCPZ |
| --- | --- |
| 复制规则名称 | 收款单生成凭证（供复制用） |
| 编码 | SKDSCPZcopy+学号 |
| 名称 | 收款单生成凭证+学号 |
| 单头转换规则_凭证类型 | 记_姓名 |

**表 6-6　收款单记账过滤方案**

| 方案名称 | 已收款待生成凭证 |
| --- | --- |
| 过滤条件 | 日期：2021-01-01—2021-01-31；单据状态：已收款；生成凭证：否 |

**表 6-7　收款单记账规划设置**

| 操作人 | nxl 学号 |
| --- | --- |
| 操作对象 | 网页端 |
| 操作路径 | 【财务会计】—【出纳管理】—【收付款处理】—【收款单处理】 |
| 操作按钮 | 生成凭证 |
| 筛选方案 | 已收款待生成凭证 |

**2. 进行收款单单据转换规则设置**

使用用户"user_姓名"登录 EAS 客户端，依次点击【企业建模】—【业务规则】—【单据转换规则】—【单据转换规则配置】选项，打开规则配置列表界面，进入规则配置界面后，依次选择【财务会计】—【出纳管理】选项，选择收款单，可在右边的列表里根据实验数据找到待复制的规则，如图 6-9 所示。

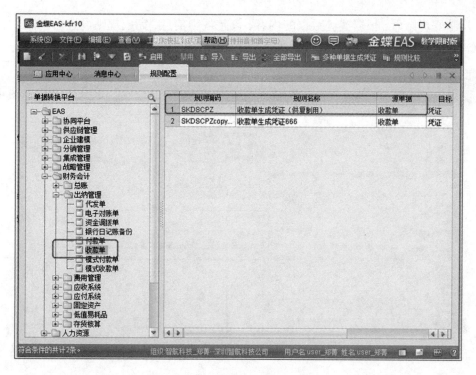

图 6-9　选择待复制的规则

选择待复制的规则后，双击打开【动态会计规则】对话框，单击【复制】按钮，完成规则的复制，如图 6-10 所示。

图 6-10　复制规则

复制好规则后，根据实验数据的内容，调整规则信息，完成规则设置后单击【保存】按钮，完成规则保存，如图 6-11 所示。

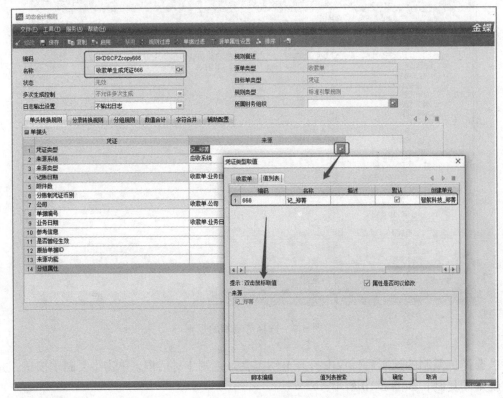

图 6-11    设置凭证类型

完成规则设置后，启用该规则，并于后续机器人调用规则生成收款单对应的凭证，如图 6-12 所示。

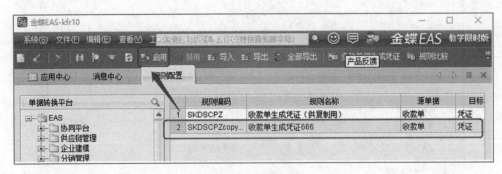

图 6-12    启用规则

### 3. 进行收款单记账过滤方案设置

使用用户"nxl 学号"登录 EAS 系统，依次点击【应用】—【财务会计】—【出纳管理】—【收款单处理】，打开收款单列表界面，展开查询条件，选择方案查询标签，根据会计聂小莉处理收款单记账处理的要求设置并保存过滤方案，如图 6-13 所示。

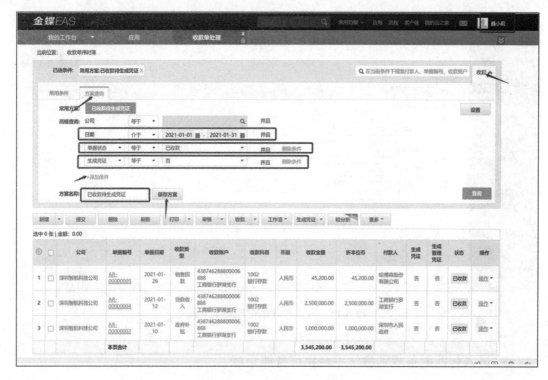

图 6-13　设置过滤方案

### 4. 进入智能财务规划教学平台设置智能执行路径

进入智能财务规划教学平台，依次点击【记账机器人】—【记账机器人规划】，打开记账机器人规划界面，在该界面可以查看建议的规划要求，如图 6-14 所示。

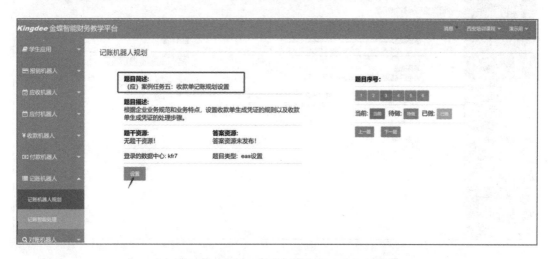

图 6-14　进入记账机器人——收款单记账规划设置

单击【设置】按钮，根据收款单记账规划设置的实验数据，完成财务机器人自动化操作的规划设置，完成后单击【保存设置】按钮，如图 6-15 所示。

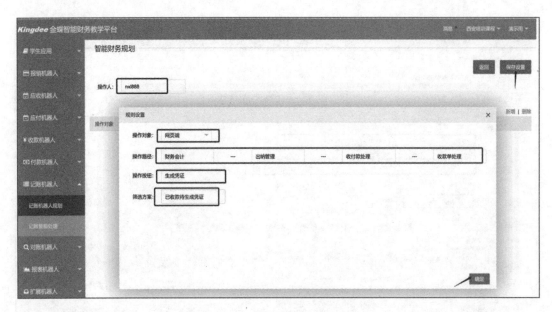

图 6-15　具体收款单记账规划界面

### 5. 进入智能财务规划教学平台执行智能记账

进入智能财务规划教学平台，依次点击【记账机器人】—【记账智能处理】，打开记账机器人智能处理界面，找到对应的题目，单击【运行设置】按钮，机器人会自动进行收款单智能记账处理，如图 6-16 所示。

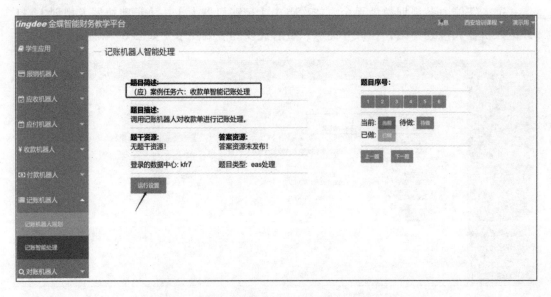

图 6-16　进入记账智能处理——收款单记账规划

机器人执行成功后，可在凭证查询界面看见机器人自动生成的凭证记录，如图 6-17 所示。

图 6-17 收款单自动记账结果

## 拓展挑战

学习了收款单记账智能处理之后，请尝试自行设计付款单记账智能规划并应用验证。

## 复习思考

（1）收款单记账指的是什么类型的业务？

（2）付款单记账指的是什么类型的业务？

### 6.3.3 应收单记账智能规划设置与应用

#### 应用场景

往来会计做完应收业务后，需要根据业务情况在系统中增加对应的凭证，会计聂小莉每天都需要花大量的时间作凭证处理，聂小莉希望通过智能财务的规划设置将该部分工作交由智能财务机器人来完成。

视频 6.4 应收单记账智能规划设置与应用

#### 案例资料

根据会计完成应收单对应记账凭证的习惯，设置应收单自动记账规划，并将完成的机器人规划用于真实业务中验证机器人执行的正确性。

#### 任务内容

（1）应收单记账操作要素分析。

（2）进行应收单单据转换规则设置。

（3）应收单记账过滤方案设置。

（4）进入智能财务规划教学平台设置智能执行路径。

（5）进入智能财务规划教学平台执行智能记账。

## 应用指导

### 1. 应收单记账操作要素分析

信息化系统中的往来会计完成应收单对应的记账凭证业务规律性极强，根据其信息化操作场景，我们来尝试总结以下几个问题。

（1）应收业务对应的凭证填写的执行人是谁？

（2）在以上业务场景下，会计记账的时候是根据什么单据来填写凭证信息的？

（3）在填写凭证信息的过程中如何保持凭证分录数据和应收业务数据一致？

（4）在现有的信息化的系统中，要实现凭证快速准确录入，可以执行的操作是什么？前置条件是什么？

将以上问题总结后，我们可以以表格方式进行每个项目的问题汇总，形成智能规划实施参考流程信息如表 6-8～表 6-10 所示。

**表 6-8　应收单转凭证规则设置**

| 复制规则编码 | YSDSCPZ |
|---|---|
| 复制规则名称 | 应收单生成凭证（供复制用） |
| 编码 | YSDSCPZcopy+学号 |
| 名称 | 应收单生成凭证+学号 |
| 单头转换规则-凭证类型 | 记_姓名 |
| 分录转换规则-科目 | 重新选择"销项税额"科目 |

**表 6-9　应收单记账过滤方案**

| 方案名称 | 已审核待生成凭证 |
|---|---|
| 过滤条件 | 日期：2021-01-01—2021-01-31；单据状态：审核；是否已生成凭证：否 |

**表 6-10　应收单记账规划设置**

| 操作人 | nxl 学号 |
|---|---|
| 操作对象 | 网页端 |
| 操作路径 | 【财务会计】—【应收管理】—【应收业务处理】—【应收单维护】 |
| 操作按钮 | 生成凭证 |
| 筛选方案 | 已审核待生成凭证 |

### 2. 进行应收单单据转换规则设置

使用用户"user_姓名"登录 EAS 客户端，依次点击【企业建模】—【业务规则】—【单据转换规则】—【单据转换规则配置】选项，打开规则配置列表界面。根据实验数据找到待复制的规则。选择待复制的规则后，打开规则查看界面，单击【复制】按钮，完成规则的复制。复制好规则后，根据实验数据的内容，调整规则信息，完成规则设置后单击【保存】按钮，完成规则保存。然后启用该规则，如图 6-18 所示。

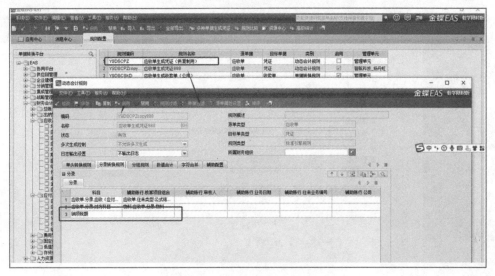

图 6-18　设置应收单记账规则

### 3. 应收单记账过滤方案设置

使用用户"nxl 学号"登录 EAS 系统，依次点击【应用】—【财务会计】—【应收管理】—【应收单维护】选项，打开应收单列表界面，在方案查询界面，根据会计聂小莉处理应收单记账的要求设置并保存过滤方案，如图 6-19 所示。

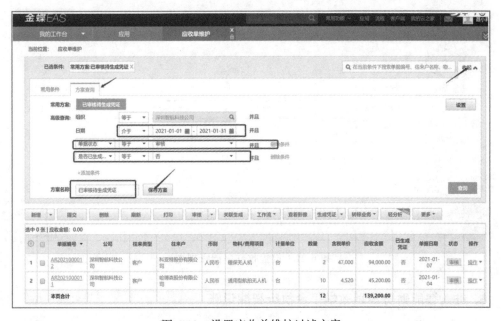

图 6-19　设置应收单维护过滤方案

### 4. 进入智能财务规划教学平台设置智能执行路径

进入智能财务规划教学平台，点击【记账机器人】—【记账机器人规划】选项，打开记账机器人规划界面，在该界面可以查看建议的规划的要求，如图 6-20 所示。

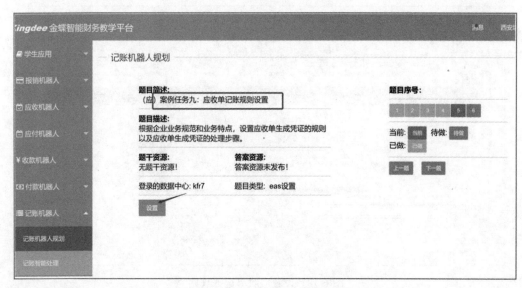

图 6-20　进入记账机器人——进行应收单记账规划设置

单击设置按钮，根据应收单记账规划设置的要求，完成财务机器人自动化操作的规划设置，完成后单击【保存设置】按钮，如图 6-21 所示。

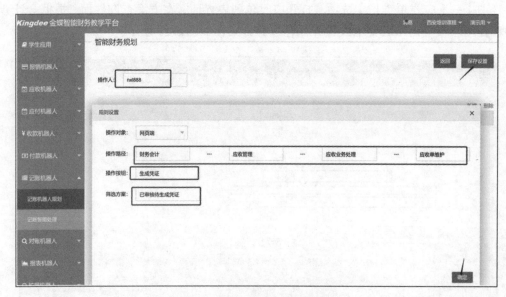

图 6-21　设置收款单记账规划

### 5. 进入智能财务规划教学平台执行智能记账

进入智能财务规划教学平台，依次点击【记账机器人】—【记账智能处理】选项，打开记账机器人智能处理界面，找到对应的题目，单击【运行设置】按钮，机器人会自动进行付款单智能记账处理，如图 6-22 所示。

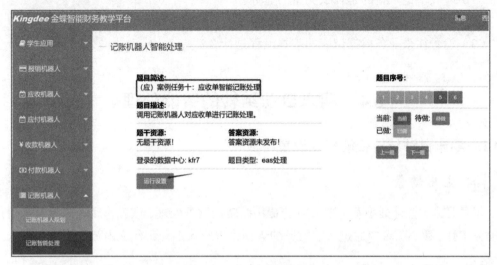

图 6-22　进入记账智能处理界面

机器人智能记账执行成功后，可在凭证查询界面看见机器人自动生成的凭证记录，如图 6-23 所示。

图 6-23　自动记账结果

## 拓展挑战

学习了应收单记账智能处理之后，请尝试自行设计应付单记账智能规划并应用验证。

### 复习思考

（1）应收单记账指的是什么类型的业务？

（2）应付单记账指的是什么类型的业务？

（3）设置往来业务单据记账的基本流程是什么？

# 6.4  期末自动结转的智能处理

## 6.4.1  期末自动结转智能规划设置与应用

### 应用场景

每月月末，会计聂小莉都要做制造费用结转的财务处理，该工作属于高重复低价值的财务工作，聂小莉希望通过智能财务的规划设置将该部分工作交由智能财务机器人来完成。

### 案例资料

梳理会计进行制造费用结转的财务处理规律和要点，进行制造费用自动结转智能规划设计，并进行应用验证。

### 任务内容

（1）期末自动结转要素分析。

（2）期末自动转账方案设置。

（3）进入智能财务规划教学平台设置智能执行路径。

（4）进入智能财务规划教学平台执行智能期末结转应用。

（5）自动结转凭证后续处理。

### 应用指导

**1. 期末自动结转要素分析**

信息化系统中的会计完成制造费用期末结转的记账凭证业务规律性极强，根据其信息化操作场景，我们来尝试总结以下几个问题。

（1）业务对应的凭证填写的执行人是谁？

（2）在以上业务场景下，会计生成制造费用凭证时是根据什么单据来填写的凭证信息？

（3）在填写凭证的过程中转账类型、币别、转账比例要求是什么？

将以上问题总结后，我们可以以表格方式进行每个项目的问题汇总，形成智能规划实施参考流程信息如表 6-11 和表 6-12 所示。

表 6-11　期末自动结转方案

| 公司 | 编码 | 名称 | 凭证类型 | 转账类型 | 凭证分录顺序 | 摘要 | 科目 | 币别 | 借贷 | 数据来源 | 转账比例 |
|------|------|------|----------|----------|--------------|------|------|------|------|----------|----------|
| 深圳智航科技公司 | 学号 | 结转制造费用 | 记_姓名 | 普通转账 | 模板顺序 | 结转制造费用 | 5001.03（生产成本-制造费用） | 人民币 | 自动 | 转入 | 100% |
| | | | | | | | 5101.01（制造费用-水电费） | | | 按比例转出余额 | 100% |
| | | | | | | | 5101.02（制造费用-折旧费） | | | 按比例转出余额 | 100% |

表 6-12　期末自动结转规划设置

| 操作人 | nxl 学号 |
|--------|----------|
| 操作对象 | 网页端 |
| 操作路径 | 【财务会计】—【总账】—【期末处理】—【自动转账】 |
| 操作按钮 | 生成凭证 |

## 2. 期末自动结转方案设置

使用用户"nxl 学号"登录 EAS 系统，依次点击【财务会计】—【总账】—【期末处理】—【自动转账】选项，打开自动转账序时簿，新增并保存自动转账方案，如图 6-24 所示。

图 6-24　设置期末自动结转方案

## 3. 进入智能财务规划教学平台设置智能执行路径

进入智能财务规划教学平台，依次点击【报表机器人】—【报表机器人规划】选项，打开报表机器人规划界面，在该界面可以查看建议的规划要求。根据企业业务情况设置智能处理步骤，如图 6-25 所示。

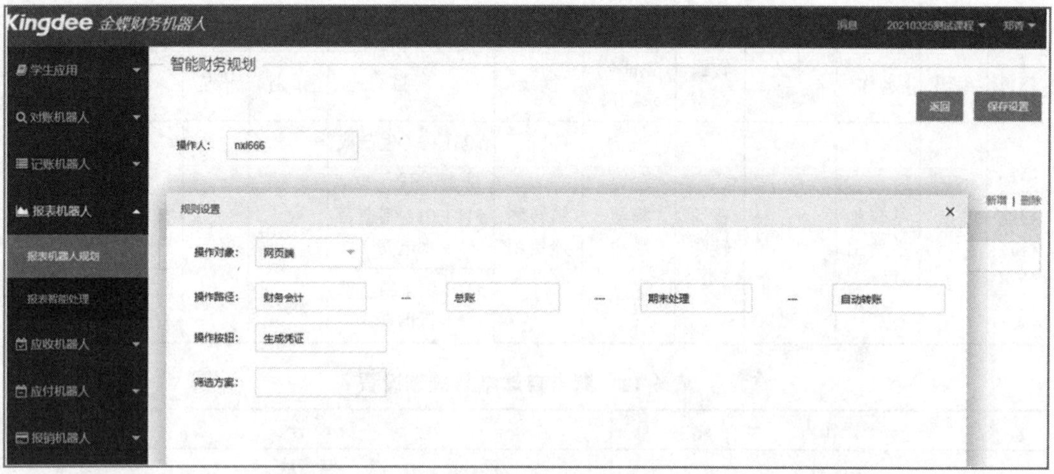

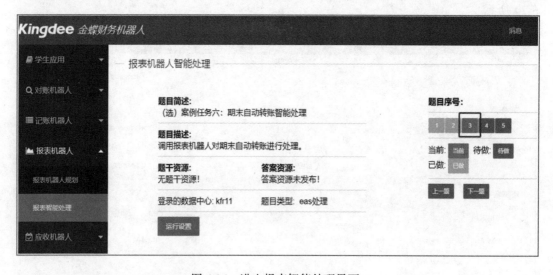

图 6-25    进入报表机器人规划界面

**4. 进入智能财务规划教学平台执行智能期末结转应用**

进入智能财务规划教学平台，依次点击【报表机器人】—【报表智能处理】，选项打开报表机器人智能处理界面，找到对应的题目，单击【运行设置】按钮，机器人会自动进行智能处理，如图 6-26 所示。

图 6-26    进入报表智能处理界面

**5. 自动转账凭证后续处理**

当制造费用结转凭证的生成后，总账会计聂小莉需要对自动结转凭证进行提交、审核、过账处理，完成自动转账凭证处理期末工作。

使用用户"nxl 学号"登录 EAS 系统，依次点击【财务会计】—【总账】—【凭证处理】—【凭证查询】选项，打开凭证查询列表界面，对暂存的自动结转凭证进行提交、审核、过账处理，如图 6-27 所示。

图 6-27　自动结转凭证后续处理

## 拓展挑战

学习了制造费用自动结转智能处理之后，请尝试自选一个经常发生的自动结转业务（如计提短期借款利息等）进行智能规划并应用验证。

## 复习思考

（1）自动结转凭证生成后还需要进行哪些处理？

（2）自动结转凭证智能规划设置的基本流程是什么？

### 6.4.2　期末损益结转智能规划设置与应用

#### 应用场景

每月月末，会计聂小莉都需要做期末结转损益，该工作属于高重复低价值的财务工作，聂小莉希望通过智能财务的规划设置将该部分工作交由智能财务机器人来完成。

#### 案例资料

梳理会计期末损益结转的财务处理规律和要点，进行期末损益结转智能规划设计，并应用验证。

#### 任务内容

（1）期末损益结转要素分析。

（2）期末损益结转方案设置。

（3）进入智能财务规划教学平台设置智能执行路径。

（4）进入智能财务规划教学平台执行智能期末损益结转应用。

（5）损益结转凭证后续处理。

## 应用指导

### 1. 期末损益结转要素分析

信息化系统中的会计完成期末损益结转的记账凭证业务规律性极强，根据其信息化操作场景，我们来尝试总结以下几个问题。

（1）业务对应的凭证填写的执行人是谁？

（2）在以上业务场景下，会计生成损益结转凭证时是根据什么单据来填写凭证信息的？

（3）在填写凭证的过程中转账类型、日期要求、往来科目等信息是什么？

将以上问题总结后，我们可以以表格方式进行每个项目的问题汇总，形成智能规划实施参考流程信息如表 6-13、表 6-14 所示。

**表 6-13　期末损益结转方案**

| 公司 | 编码 | 名称 | 凭证类型 | 凭证日期 | 凭证摘要 | 本年利润科目 | 结转期间 | 全部损益科目结转 |
|---|---|---|---|---|---|---|---|---|
| 深圳智航科技公司 | 学号 | 结转损益 | 记_姓名 | 期末最后一天 | 结转损益 | 4103（本年利润） | 当前期间 | 全选 |

**表 6-14　期末损益结转规划设置**

| 操作人 | nxl 学号 |
|---|---|
| 操作对象 | 网页端 |
| 操作路径 | 【财务会计】—【总账】—【期末处理】—【结转损益】 |
| 操作按钮 | 生成凭证 |

### 2. 期末损益结转方案设置

使用用户"nxl 学号"登录 EAS 系统，依次点击【财务会计】—【总账】—【期末处理】—【结转损益】选项，打开自动转账序时簿，新增并保存损益结转方案，如图 6-28 所示。

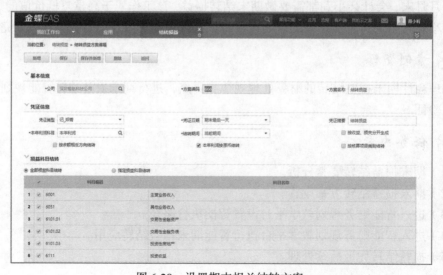

图 6-28　设置期末损益结转方案

### 3. 进入智能财务规划教学平台设置智能执行路径

进入智能财务规划教学平台，依次点击【报表机器人】—【报表机器人规划】选项，打开报表机器人规划界面，在该界面可以查看建议的规划要求。根据企业业务情况设置智能处理步骤，如图 6-29 所示。

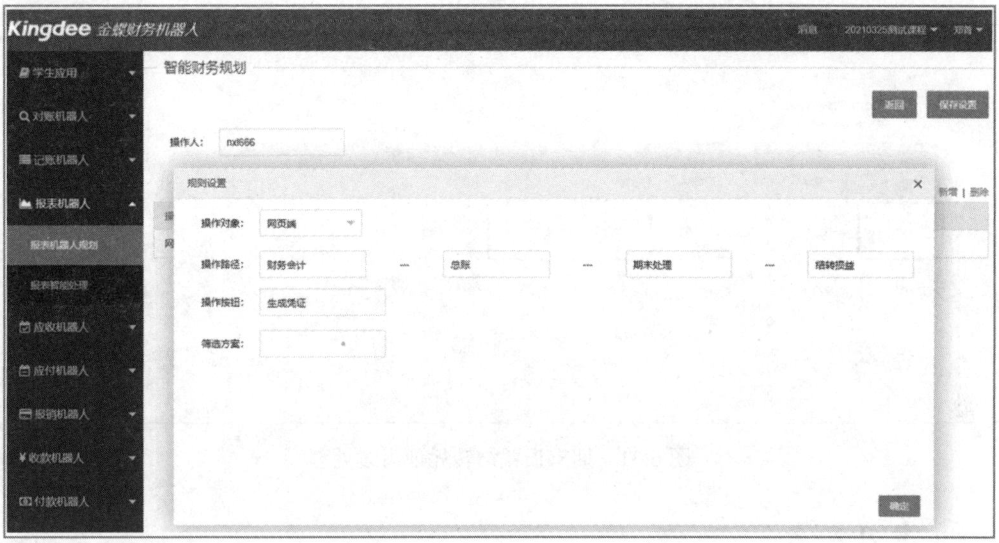

图 6-29　进入期末损益结转规划界面

### 4. 进入智能财务规划教学平台执行智能期末损益结转应用

进入智能财务规划教学平台，依次点击【报表机器人】—【报表智能处理】选项，打开报表机器人智能处理界面，找到对应的题目，单击【运行设置】按钮，机器人会自动进行智能处理，如图 6-30 所示。

图 6-30　进行期末损益结转智能处理

### 5. 损益结转凭证后续处理

使用用户"nxl 学号"登录 EAS 系统，依次点击【财务会计】—【总账】—【凭证处理】—【凭证查询】选项，打开凭证查询列表界面，对暂存的损益结转凭证进行提交、审核、过账处理，如图 6-31 所示。

图 6-31 期末损益结转凭证后续处理

## 复习思考

（1）期末损益结转凭证生成后还需要进行哪些处理？
（2）期末损益结转凭证智能规划设置的基本流程是什么？

# 6.5 对账的智能处理

银行存款对账是企业出纳人员的基本工作之一，企业的结算业务大部分要通过银行进行结算，但由于企业与银行的账务处理时间不一致，往往会发生双方账面不一致的情况。为了防止记账发生差错，准确掌握银行存款的实际金额，企业必须定期将银行日记账与银行出具的银行对账单进行核对。

企业每月月末为了确定各业务系统与总账的数据统一，就要进行期末对账，及时保证账务处理的合理性和正确性，保证账账相符。

## 6.5.1 银行对账单的自动登记智能规划设置与应用

### 应用场景

银行对账单是银行和企业核对账务的联系单，也是证实企业业务往来的记录，出纳李兴每个月拿到银行提供的电子对账单后都需要花大量的时间将银行对账单的信息录入到系统中，该工作属于高重复低价值的财务工作，李兴希望通过智能财务的规划设置将该部分工作交由智能财务机器人来完成。

视频 6.5 银行对账单的自动登记智能规划设置与应用

### 案例资料

根据出纳填写银行对账单的习惯，设置银行对账单自动记账规划，并将完成的机器人规划用于真实业务中以验证机器人执行的正确性。

### 任务内容

（1）银行对账单记账要素分析。

（2）进入智能财务规划教学平台设置银行对账单自动填写规划。

（3）完成工行银行对账单的智能登记处理。

### 应用指导

**1. 银行对账单记账要素分析**

信息化系统中的出纳完成银行对账单业务规律性极强，根据其信息化操作场景，我们来尝试总结以下几个问题。

（1）银行对账单信息录入人是谁？

（2）在以上业务场景下，是根据什么单据来填写的？

（3）在填写的时候会出现原始单据有多张的情况吗？如果出现该如何处理？

（4）使用机器人识别对应的原始单据信息时，识别率如何？如果出现识别错误的情况应该怎么处理比较合适？

（5）在填写过程中如何保证填写的信息和原始单据的对应关系？

以上问题的答案如下。

（1）银行对账单填写都是由出纳李兴完成。

（2）银行对账单是通过银行提供的 Excel 对账单信息来填写的。

（3）因为提供的是银行对账单的 Excel 表，一个账号对应一个 Excel 表，只要参考这一个表格就可以，所以不存在多个表格的情况。

（4）通过程序识别 Excel 数据基本不会出现错误，因此不需要人工核对数据的正确性。

根据以上 4 个答案，可得到规划填写要求，如表 6-15 所示。

表 6-15 规划填写要求

| 多张票据 | 单据信息参考一张票据 |
|---|---|
| 制单人 | lx 学号 |
| 人工核对 | 不启用 |

（5）为了保证系统中的银行对账单数据正确，在填写银行对账单的时候要根据银行提供的对账单数据对应填写，要确定 EAS 系统中银行对账单每个字段的数据来源于银行提供的 Excel 对账单中的哪个字段。例如，填写银行对账单的时候，首先要选择银行账户、开始和截止期间，根据 Excel 的提供的数据分析，可知 Excel 中提供的开始日期

和结束日期中的年月信息可作为系统中的期间，账号信息可作为系统中的银行账户，因此规划对应设置信息如表 6-16 所示。

表 6-16　规划对应设置信息

| 开始期间 | Y[${银行对账单发票.开始日期}]+'年'+M[${银行对账单发票.开始日期}]+'期' |
|---|---|
| 结束期间 | Y[${银行对账单发票.截止日期}]+'年'+M[${银行对账单发票.截止日期}]+'期' |
| 银行账户 | ${银行对账单发票.账号} |

（6）新增一条银行对账单记录的时候，需要填写日期、摘要、借贷方金额、对方单位和对方账号等信息，这些信息都可以对应地从银行提供的银行对账单 Excel 中获取，分析 Excel 数据后，可知设置信息如表 6-17 所示。

表 6-17　设 置 信 息

| 日期 | ${银行对账单发票.日期} |
|---|---|
| 摘要 | ${银行对账单发票.摘要} |
| 借方金额 | ${银行对账单发票.借方发生额} |
| 贷方金额 | ${银行对账单发票.贷方发生额} |
| 对方单位 | ${银行对账单发票.对方户名} |
| 对方账号 | ${银行对账单发票.对方账号} |

将以上问题总结后，我们可以以表格方式进行每个项目的问题汇总，形成智能规划实施参考流程信息如表 6-18 所示。

表 6-18　银行对账单规划

| 多张票据 | 单据信息参考一张票据 |
|---|---|
| 制单人 | lx 学号 |
| 人工核对 | 不启用 |
| 开始期间 | Y[${银行对账单发票.开始日期}]+'年'+M[${银行对账单发票.开始日期}]+'期' |
| 结束期间 | Y[${银行对账单发票.截止日期}]+'年'+M[${银行对账单发票.截止日期}]+'期' |
| 银行账户 | ${银行对账单发票.账号} |
| 日期 | ${银行对账单发票.日期} |
| 摘要 | ${银行对账单发票.摘要} |
| 借方金额 | ${银行对账单发票.借方发生额} |
| 贷方金额 | ${银行对账单发票.贷方发生额} |
| 对方单位 | ${银行对账单发票.对方户名} |
| 对方账号 | ${银行对账单发票.对方账号} |

**2. 进入智能财务规划教学平台设置银行对账单自动填写规划**

进入智能财务规划教学平台，依次点击【对账机器人】—【对账机器人规划】选项，打开对账机器人规划界面，在该界面可以查看建议的规划要求，如图 6-32 所示。

图 6-32　进入对账机器人规划界面

单击【设置】按钮，进入对账机器人规划界面，根据要求进行规划设置，先完成整体设置要求，如图 6-33 所示。

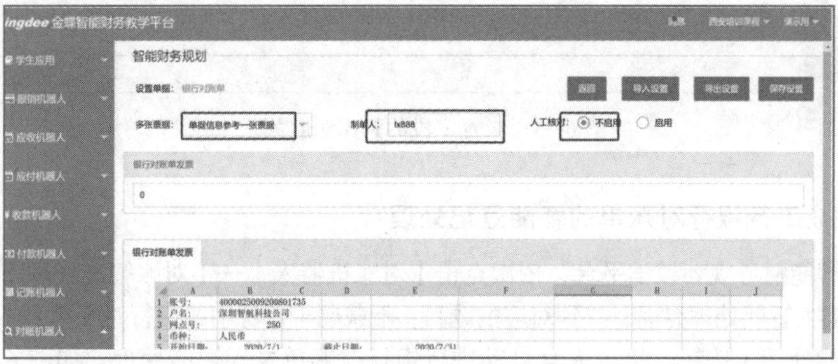

图 6-33　进行对账规划设置

再设置字段对应关系，如图 6-34 所示。

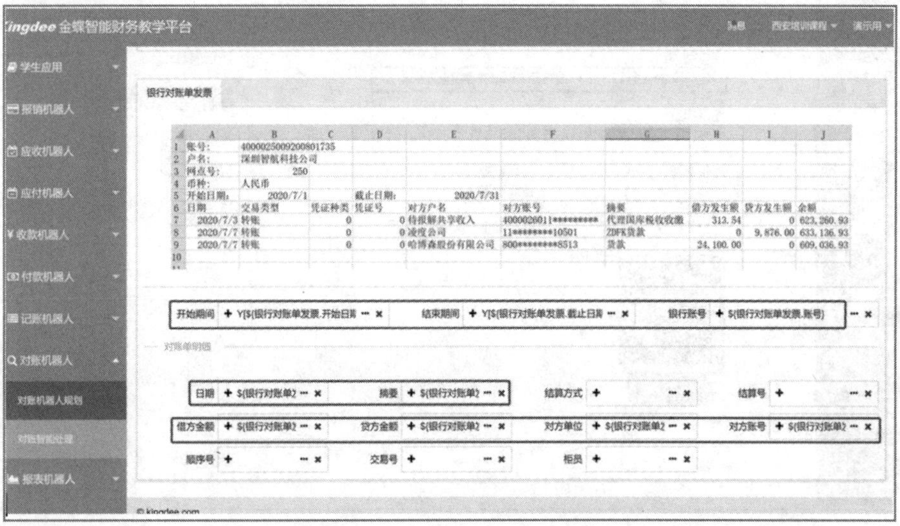

图 6-34　设置字段对应关系

设置字段对应关系的时候，单击每个字段前面的【＋】按钮，进行字段具体对应关系设置，如图 6-35 所示。

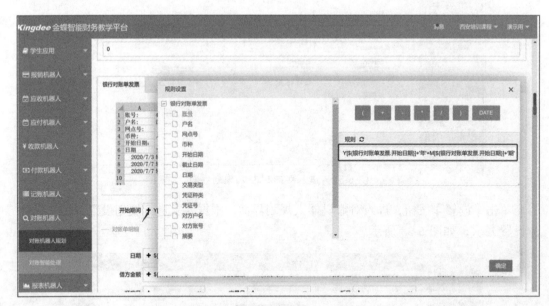

图 6-35　设置字段的具体对应关系

### 3. 完成工行银行对账单的智能登记处理

进入智能财务规划教学平台，依次点击【对账机器人】—【对账智能处理】选项，打开对账机器人智能处理界面，找到对应的题目，下载题干资源中的银行对账单到本地，然后单击【智能处理】按钮，机器人会自动进行银行对账单录入智能处理，如图 6-36 所示。

图 6-36　进入对账机器人智能处理界面

处理的过程中，人工上传对应的银行对账单，如图 6-37 所示。

图 6-37　执行对账机器人智能处理界面 1

机器人识别完对账单信息后，单击【确定】按钮开始解析填单，后续机器人可自动完成银行对账单的填写，如图 6-38 所示。

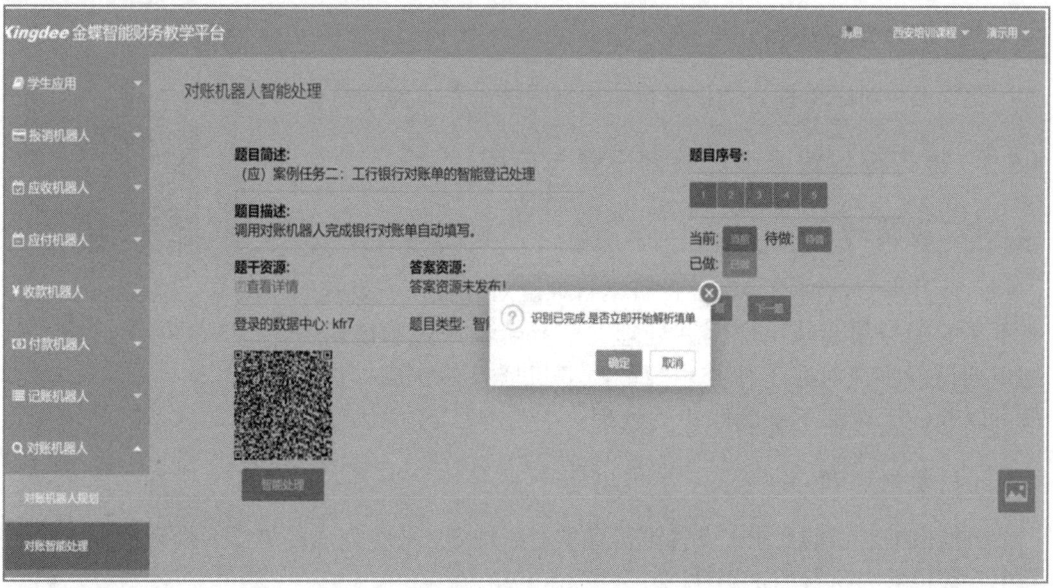

图 6-38　执行对账机器人智能处理界面 2

机器人执行成功后，可在银行对账单查询界面看见机器人自动录入的银行对账单信息，如图 6-39 所示。

图 6-39　查询银行对账单智能规划应用执行结果

## 拓展挑战

学习了银行对账单登记智能处理之后，请尝试自选一个经常发生的外部对账单据录入业务（如往来对账单等），智能规划并应用验证。

## 复习思考

设置银行对账单据自动记账智能规划设置的基本流程是什么？

### 6.5.2　银行存款对账智能规划设置与应用

## 应用场景

每月月末，出纳李兴都要进行银行存款对账操作，发现对账不平的账号需要找出原因并处理，李兴希望通过智能财务的规划设置将该对账工作交由智能财务机器人来完成，这样他可以专注于对账不平的账户的处理。

视频 6.6　银行存款对账智能规划设置与应用

## 案例资料

根据出纳对账的要求，设置银行存款对账规划，并将完成的机器人规划用于真实业务中验证机器人执行的正确性。

## 任务内容

（1）银行存款对账要素分析。

（2）银行存款对账方案设置。

（3）进入智能财务规划教学平台设置智能执行路径。

（4）完成银行存款对账的智能处理。

## 应用指导

### 1. 银行存款对账要素分析

信息化系统中的出纳完成银行存款对账业务规律性极强，根据其信息化操作场景，我们来尝试总结以下几个问题。

（1）银行存款对账的目的是什么？

（2）银行存款对账的条件是什么？

（3）在现有的信息系统里，如何实现银行存款的自动对账处理？

将以上问题总结后，我们可以以表格方式进行每个项目的问题汇总，形成智能规划实施参考流程信息如表 6-19 和表 6-20 所示。

**表 6-19　银行存款对账方案**

| 方案名称 | 银行存款对账方案 |
| --- | --- |
| 是否默认方案 | 勾选 |
| 一对一对账条件 | 日期相同 |

**表 6-20　银行存款对账规划设置**

| 操作人 | lx 学号 |
| --- | --- |
| 操作对象 | 网页端 |
| 操作路径 | 【财务会计】—【出纳管理】—【银行存款】—【银行存款对账】 |
| 操作按钮 | 自动对账 |

### 2. 银行存款对账方案设置

使用用户"nxl 学号"登录 EAS 系统，依次点击【应用】—【财务会计】—【出纳管理】—【银行存款对账】选项，打开对账界面后，单击【对账设置】按钮，进入对账方案设置界面，根据出纳处理银行对账的要求设置好对账方案，如图 6-40 所示。

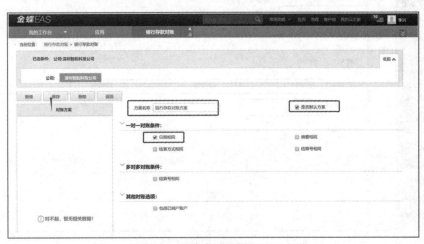

图 6-40　设置银行存款对账方案

### 3. 进入智能财务规划教学平台设置智能执行路径

进入智能财务规划教学平台，依次点击【对账机器人】—【对账机器人规划】选项，打开对账机器人规划界面，在该界面可以查看建议的规划的要求，如图 6-41 所示。

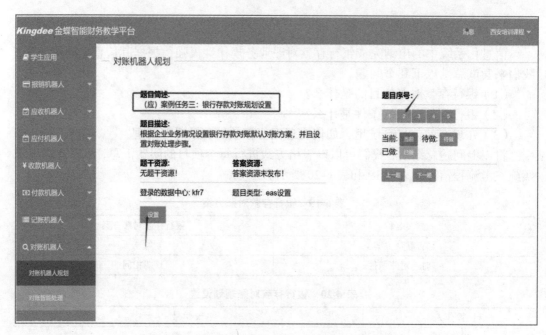

图 6-41　进入对账机器人——银行存款对账规划

根据企业业务情况设置银行存款自动对账处理步骤，如图 6-42 所示。

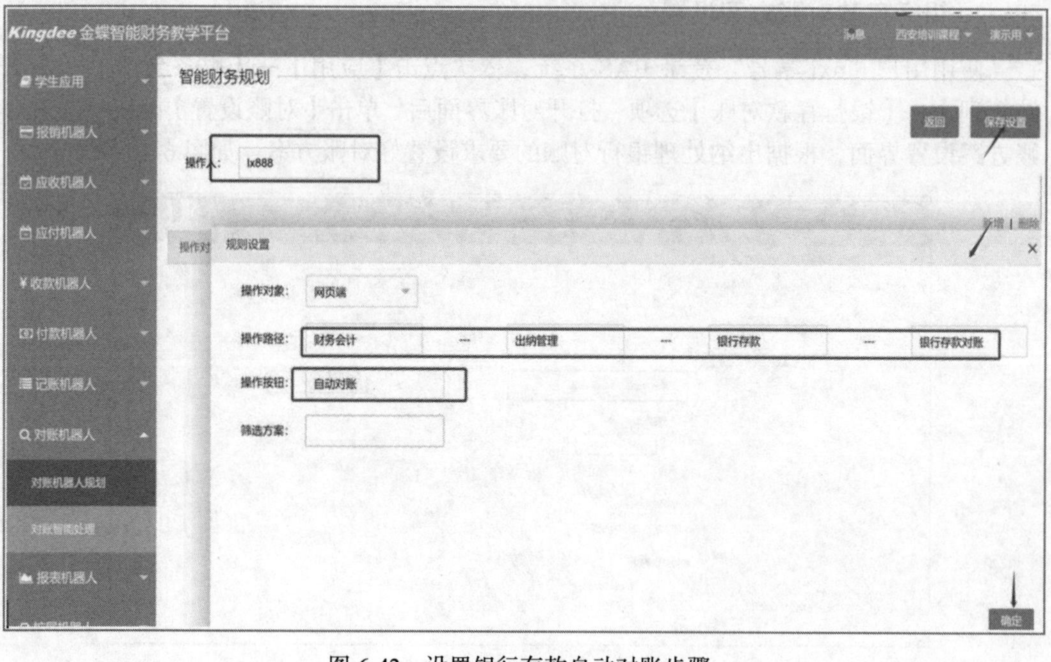

图 6-42　设置银行存款自动对账步骤

#### 4. 完成银行存款对账的智能处理

进入智能财务规划教学平台，依次点击【对账机器人】—【对账智能处理】选项，打开对账机器人智能处理界面，找到对应的题目，单击【运行设置】按钮，机器人会自动进行银行存款对账智能处理，如图 6-43 所示。

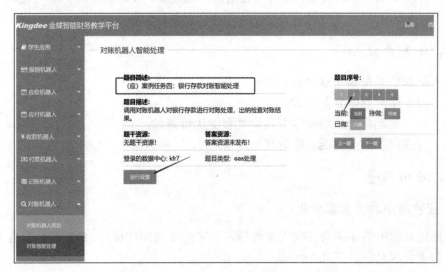

图 6-43　进入银行存款对账机器人智能处理

机器人执行成功后，可在银行存款对账界面查看状态，针对对账不平的账号进行单独处理，如图 6-44 所示。

图 6-44　查询银行对账结果

### 📖 复习思考

（1）自动结转凭证生成后还需要进行哪些处理？

（2）自动结转凭证智能规划设置的基本流程是什么？

### 6.5.3　应收期末对账智能规划设置与应用

### 🔳 应用场景

每月月末，往来会计周雯鑫都要进行应收期末对账处理，发现对账不平的情况需要和会计一起找出不平的原因，周雯鑫

视频 6.7　应收对账智能规划设置与应用

希望通过智能财务的规划设置将该对账工作交由智能财务机器人来完成,他可以专注于对账不平时的业务处理。

### ◼◻ 案例资料

根据应收期末对账的要求,设置应收期末对账规划,并将完成的机器人规划用于真实业务中以验证机器人执行的正确性。

### ◼◻ 任务内容

(1)应收期末对账要素分析。
(2)应收期末对账方案设置。
(3)进入智能财务规划教学平台设置智能执行路径。
(4)完成应收期末智能对账处理。

### ◼◻ 应用指导

#### 1. 应收期末对账要素分析

信息化系统中的往来会计完成应收期末对账业务规律性极强,根据其信息化操作场景,我们来尝试总结以下几个问题。

(1)应收期末对账的目的是什么?
(2)应收期末对账的条件是什么?
(3)在现有的信息系统里,如何实现应收期末对账的自动对账处理?

将以上问题总结后,我们可以以表格方式进行每个项目的问题汇总,形成智能规划实施参考流程信息如表 6-21 和表 6-22 所示。

表 6-21 应收期末对账方案

| 方案名称 | 应收期末对账方案 |
| --- | --- |
| 默认方案 | 勾选 |
| 对账方式 | 按科目对账 |
| 科目 | 1122 应收账款 |
| 包括未过账凭证 | 勾选 |
| 显示往来户明细 | 勾选 |

表 6-22 应收期末对账规划设置

| 操作人 | zwx 学号 |
| --- | --- |
| 操作对象 | 网页端 |
| 操作路径 | 【财务会计】—【应收管理】—【期末处理】—【期末对账】 |
| 操作按钮 | 对账 |

#### 2. 应收期末对账方案设置

使用用户"zwx 学号"登录 EAS 系统,依次点击【应用】—【财务会计】—【应收管理】—【期末对账】选项，打开对账界面后，单击【设置】按钮，进入对账方案设置界面，根据往来会计周雯鑫处理对账的习惯设置好对账方案，如图 6-45 所示。

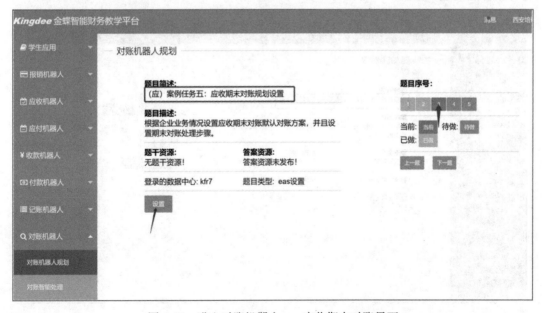

图 6-45　进入应收期末对账界面

### 3. 进入智能财务规划教学平台设置智能执行路径

进入智能财务规划教学平台，点击【对账机器人】—【对账机器人规划】选项，打开对账机器人规划界面，在该界面可以查看建议的规划的要求，如图 6-46 所示。

图 6-46　进入对账机器人——应收期末对账界面

根据企业业务情况，单击【设置】按钮，打开智能规划设置界面，设置智能处理步骤，如图 6-47 所示。

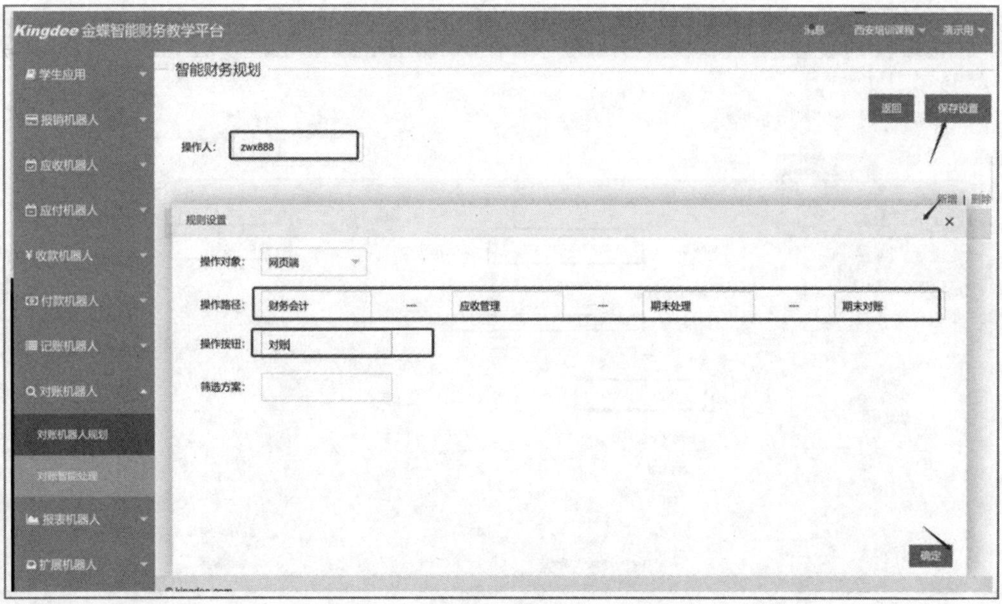

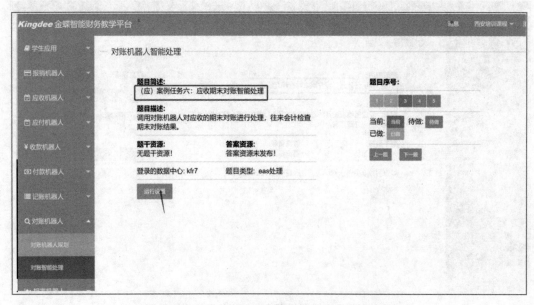

图 6-47 设置应收期末智能对账规划界面

### 4. 完成应收期末智能对账处理

进入智能财务规划教学平台，点击【对账机器人】—【对账智能处理】选项，打开对账机器人智能处理界面，找到对应的题目，单击【运行设置】按钮，机器人会自动进行对账智能处理，如图 6-48 所示。

图 6-48 进入应收期末对账机器人智能处理界面

机器人执行成功后，可在期末对账界面查看对账结果，针对对账不平的进行单独处理，如图 6-49 所示。

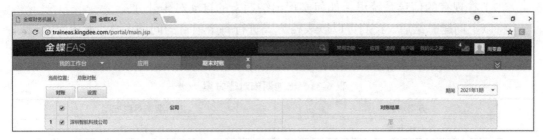

图 6-49 查询应收单对账结果

📑 **拓展挑战**

学习了应收期末对账智能处理之后，请尝试自行完成应付对账智能规划并应用验证。

📑 **复习思考**

应收期末对账智能规划设置的基本流程是什么？

### 6.5.4 出纳期末对账智能规划设置与应用

🔡 **应用场景**

每月月末，出纳李兴都要进行期末对账处理，发现对账不平的情况需要和会计一起找出不平的原因，李兴希望通过智能财务的规划设置将该对账工作交由智能财务机器人来完成，他可以专注于对账不平时的业务处理。

视频 6.8 出纳对账智能规划设置与应用

🔡 **案例资料**

根据业务出纳对账的要求，设置出纳期末对账规划，并将完成的机器人规划用于真实业务中以验证机器人执行的正确性。

🔡 **任务内容**

（1）出纳期末对账要素分析。
（2）出纳期末对账方案设置。
（3）进入智能财务规划教学平台设置智能执行路径。
（4）完成出纳期末智能对账处理。

🔡 **应用指导**

**1. 出纳期末对账要素分析**

信息化系统中的出纳期末对账业务规律性极强，根据其信息化操作场景，我们来尝试总结以下几个问题。

（1）出纳期末对账的目的是什么？

（2）出纳期末对账的条件是什么？

（3）在现有的信息系统里，如何实现出纳期末的自动对账处理？

将以上问题总结后，我们可以以表格方式进行每个项目的问题汇总，形成智能规划实施参考流程信息如表 6-23 和表 6-24 所示。

表 6-23    出纳期末对账方案

| 方案名称 | 出纳期末对账方案 |
| --- | --- |
| 是否默认方案 | 勾选 |
| 包括未过账凭证 | 勾选 |

表 6-24    出纳期末对账规划设置

| 操作人 | 1x 学号 |
| --- | --- |
| 操作对象 | 网页端 |
| 操作路径 | 【财务会计】—【出纳管理】—【期末处理】—【期末对账】 |
| 操作按钮 | 对账 |

## 2. 出纳期末对账方案设置

使用用户"1x 学号"登录 EAS 系统，依次点击【应用】—【财务会计】—【出纳管理】—【期末对账】选项，打开对账界面后，单击【设置】按钮，进入对账方案设置界面，根据李兴处理对账的习惯设置好对账方案，如图 6-50 所示。

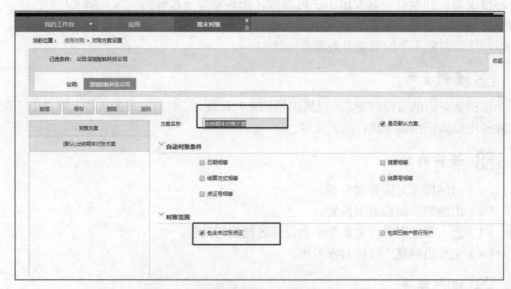

图 6-50    进入期末对账——出纳期末对账界面

## 3. 进入智能财务规划教学平台设置智能执行路径

进入智能财务规划教学平台，依次点击【对账机器人】—【对账机器人规划】选项打开对账机器人规划界面，在该界面可以查看建议的规划要求，如图 6-51、图 6-52 所示。

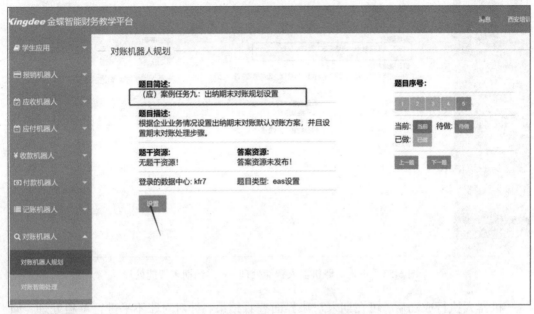

图 6-51　进入对账机器人——出纳期末对账界面

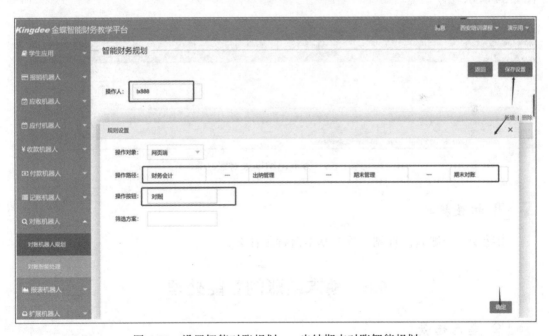

图 6-52　设置智能对账规划——出纳期末对账智能规划

### 4. 完成出纳期末智能对账处理

进入智能财务规划教学平台，依次点击【对账机器人】—【对账智能处理】选项，打开对账机器人智能处理界面，找到对应的题目，单击【运行设置】按钮，机器人会自动进行对账智能处理，如图 6-53 所示。

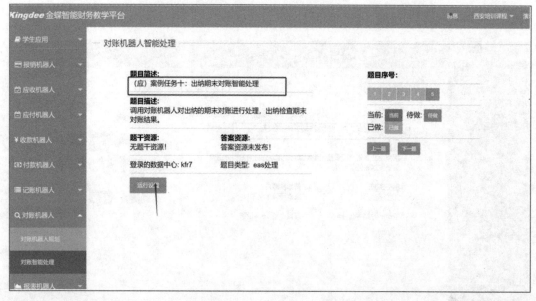

图 6-53　进入对账机器人智能处理——出纳期末智能处理

机器人执行成功后，可在期末对账界面查看结果，针对对账不平进行单独处理，如图 6-54 所示。

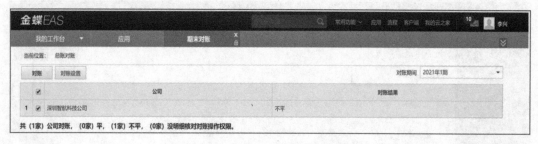

图 6-54　查询出纳期末对账结果

📖 **拓展挑战**

出纳期末对账智能规划设置的基本流程是什么？

# 6.6　期末结账的智能处理

🔲 **应用场景**

每月月末，财务经理邓永斌都要做各个财务系统的期末结账工作，邓永斌希望通过智能财务的规划设置将该部分工作交由智能财务机器人来完成。

🔲 **案例资料**

根据财务经理期末结账的操作进行智能规划设置并运行验证。

## 任务内容

（1）期末结账要素分析。

（2）进入智能财务规划教学平台设置智能执行路径。

（3）运行期末结账智能处理。

## 应用指导

### 1. 期末结账要素分析

根据本信息系统进行期末结账的操作方法，我们可以总结期末结账的要点如表 6-25 所示。

表 6-25　期末结账规划设置

| 模块 | 操作路径 | 操作按钮 |
|---|---|---|
| 出纳管理期末结账 | 【财务会计】—【出纳管理】—【期末处理】—【期末结账】 | 【结账】 |
| 应收管理期末结账 | 【财务会计】—【应收管理】—【期末处理】—【期末结账】 | 【结账】 |
| 应付管理期末结账 | 【财务会计】—【应付管理】—【期末处理】—【期末结账】 | 【结账】 |
| 总账期末结账 | 【财务会计】—【总账】—【期末处理】—【期末结账】 | 【结账】 |

### 2. 进入智能财务规划教学平台设置智能执行路径

进入智能财务规划教学平台，依次点击【报表机器人】—【报表机器人规划】选项，打开报表机器人规划界面，在该界面可以查看建议的规划要求（表 6-25）。根据企业业务情况设置智能处理步骤，如图 6-55 所示。

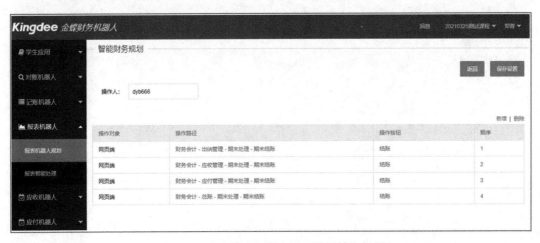

图 6-55　进入报表机器人界面设置结账规划

### 3. 运行期末结账智能处理

进入智能财务规划教学平台，依次点击【报表机器人】—【报表智能处理】选项，打开报表机器人智能处理界面，找到对应的题目，单击【运行设置】按钮，机器人会自动进行智能处理，如图 6-56 所示。

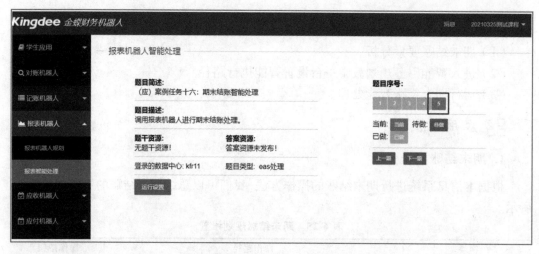

图 6-56　报表机器人智能处理——期末结账智能处理

## 复习思考

期末结账智能规划设置的基本流程是什么？

# 参 考 文 献

[1]  张敏，付建华，周钢战. 智能财务应用[M]. 北京：中国人民大学出版社，2021.

[2]  许静. 财务共享应用实践教程[M]. 北京：清华大学出版社，2020.

[3]  张晓涛，田高良. 基于数字经济时代智能财务的发展思路[J]. 财会通讯，2023（6）：3-8.

[4]  黄长胤. 智能财务的特征及其关系研究[J]. 中国管理信息化，2020，23（19）：72-73.

[5]  吴践志. 智能财务及其建设研究[M]. 上海：立信会计出版社，2020.

[6]  卢燕. 会计信息系统[M]. 上海：立信会计出版社，2020.

[7]  梁迎春，韩冬梅，王徐艳. 智能时代背景下智能财务的现状及发展研究[J]. 会计师，2022（6）.

[8]  傅世伟. 会计电算化实验教程[M]. 北京：清华大学出版社，2022.

# 教师服务

感谢您选用清华大学出版社的教材！为了更好地服务教学，我们为授课教师提供本书的教学辅助资源，以及本学科重点教材信息。请您扫码获取。

## 》》教辅获取

本书教辅资源，授课教师扫码获取

## 》》样书赠送

**会计学类**重点教材，教师扫码获取样书

 清华大学出版社

E-mail: tupfuwu@163.com
电话：010-83470332 / 83470142
地址：北京市海淀区双清路学研大厦 B 座 509

网址：https://www.tup.com.cn/
传真：8610-83470107
邮编：100084